CHRISTEL PETITCOLLIN

D0835142

communiquer
avec son enfant

jouvence
EDITIONS

Collection "Pratiques" Jouvence

L'allaitement maternel, Cl.-S. Didierjean-Jouveau, 2003

Comment la télé et les jeux vidéo apprennent aux enfants à tuer,
David Grossman, René Blind & Michael Pool, 2003

La réconciliation, Bernard Raquin, 2003

Ne plus se laisser manipuler, Bernard Raquin, 2003

Pour une parentalité sans violence,
Claude-Suzanne Didierjean-Jouveau, 2002

Relaxation et détente des enfants, Philippe Barraqué, 2001

La résilience, Rosette Poletti & Barbara Dobbs, 2001

Maîtriser son stress, Sébastien Tubau, 2001

Plus jamais victime, Pierre Pradervand, 2001

Le bonheur, ça s'apprend, Pierre Pradervand, 2001

Éduquer l'homo "zappiens", R. Blind & M. Pool, 2000

Pratique de la communication non-violente,
Wayland Myers, 1999

La vie simple, Pierre Pradervand, 1999

L'estime de soi, Rosette Poletti & Barbara Dobbs, 1998

Lâcher prise, Rosette Poletti & Barbara Dobbs, 1998

Gérer ses émotions,
Olivier Nunge & Simonne Mortera, 1998

L'enfant timide, Marie-France Muller, 1997

Catalogue Jouvence gratuit sur simple demande:

ÉDITIONS JOUVENCE

Suisse: CP 184, CH-1233 Genève-Bernex
France: BP 7, F-74161 Saint Julien en Genevois Cedex
Site internet: **www.editions-jouvence.com**
E-mail: info@editions-jouvence.com

Maquette & mise en pages: Éditions Jouvence, Estelle
Dessin de couverture: Jean Augagneur
© Copyright Éditions Jouvence, 2003
ISBN 2-88353-313-X

Sommaire

Chapitre 2

Chapitre 3

Chapitre 4

Introduction

La communication est un mot très à la mode depuis plusieurs années, peut-être parce qu'on est en train de découvrir à quel point elle est une nécessité humaine. Elle est indispensable dans tous les secteurs de la vie : vie professionnelle, vie publique, vie privée. À chaque fois qu'une relation se détériore, on trouve en amont un manque de communication qui a laissé s'installer de part et d'autre des malentendus et des rancœurs. La plupart des divorces ont pour origine un manque de communication dans le couple.

Et d'une façon plus générale, les sociologues ont observé sur ces cent dernières années, une multiplication des divorces et des brouilles familiales. Les cercles familiaux rétrécissent. Statistiquement, on ne fréquente presque plus ses oncles, tantes et cousins et de moins en moins ses frères et sœurs à l'âge adulte. Beaucoup de grands-parents, fâchés avec leurs propres enfants ne voient plus leurs petits-enfants. La famille s'est repliée sur son aspect le plus nucléaire : les parents et leurs enfants. Et l'enfant est devenu le pôle de l'intérêt familial, porteur des besoins affectifs de ses parents et de leurs espoirs de réussite. Outre que ces attentes parentales sont trop lourdes à porter pour de si petites épaules, elles confèrent à l'enfant un trop grand pouvoir qui porte atteinte au climat relationnel avec ses parents. C'est peut-être pour cela qu'on voit apparaître depuis peu, l'ère des procès intentés par les enfants à leurs parents. Le motif en est essentiellement l'obtention de pensions alimentaires, mais à travers cette démarche, sans doute s'agit-il d'une demande symbolique de réparation de maladresses parentales vraies ou supposées.

Dans notre troisième millénaire, l'évolution de la vie des familles s'oriente résolument vers une exigence de respect et de qualité de communication. Les gens se pardonnent de moins en moins les gaffes et les maladresses affectives. Quel que soit le lien relationnel initial, les relations seront bonnes ou n'existeront pas. Il est donc très important de devenir attentif à sa communication et de chercher à l'améliorer.

Or, communiquer, pour beaucoup de gens, consiste uniquement à parler et à se faire entendre de l'autre. Croire que la communication se résume à cela est une énorme erreur, car une bonne communication demande exactement l'inverse. Communiquer, c'est écouter, entrer dans la bulle de l'autre, chercher à le comprendre, s'intéresser sincèrement à lui, à sa vie, à ses passions, à ses émotions. Communiquer, ce n'est pas "parler" ou "se faire comprendre", c'est transmettre non verbalement, à travers une attitude d'accueil et d'acceptation de son interlocuteur, qu'il est quelqu'un d'important pour nous. L'essentiel de la communication ne se situe d'ailleurs pas au niveau verbal. Que valent des paroles d'amitié si elles ne sont pas accompagnées d'actes concrets? C'est notre attitude globale dans la relation qui communique ce que nous avons de plus important à dire à l'autre.

La communication entre un parent et son enfant est une des communications les plus riches et les plus complexes qui soient parce que c'est une communication à multiniveaux. Les enfants ont le redoutable pouvoir de communiquer de l'enfant qu'ils sont avec l'adulte que nous sommes, tout en communiquant parallèlement, de manière silencieuse et inconsciente, de l'enfant qu'ils sont avec l'enfant que nous étions au même âge. Ce qui génère parfois chez nous, les adultes, de fortes réactions émotionnelles. De plus, les enfants ont une intelligence très fine et une intuition fulgurante. Ils détectent immédiatement nos incohérences, nos non-dits, nos doutes et les verbalisent souvent sans détour. Ce qui nous embarrasse d'ailleurs souvent! Ne dit-on pas que "la vérité sort de la bouche des enfants"? Mais ils sont aussi capables de la plus grande naïveté et peuvent donner un sens littéral à nos paroles imagées. Même le langage verbal le plus ordinaire peut être source de confusion pour un enfant. Par exemple, en entendant : "Elle a perdu son mari l'année dernière", l'enfant peut conclure, au premier degré, qu'il est tout à fait possible de "perdre" définitivement quelqu'un comme on perd ses clés ou un jouet. Et cette perspective effrayante pourra être renforcée par une confirmation involontaire de sa mère : "Donne-moi la main, je n'ai pas envie de te perdre dans la foule de ce supermarché !"

Il y a aussi le langage non verbal (nos attitudes, les expressions de notre visage, nos intonations et surtout nos actes) que les enfants décodent avec beaucoup de facilité et qui n'est pas toujours en accord avec nos beaux discours. Un enfant a besoin d'honnêteté et de cohérence pour construire sa logique du monde (donc aussi son aptitude future aux mathématiques). Il vaut mieux dire clairement : "Non, je ne t'achèterai pas ce jeu vidéo. Ce mois-ci, j'ai juste assez d'argent pour payer le loyer et les courses." Ou : "Je trouve ce jeu vidéo trop cher pour être offert en dehors d'un anniversaire ou d'un Noël." Plutôt que de dire : "Je n'ai plus de sous" et de prouver l'inverse lors du passage en caisse en tendant sa carte bancaire à la caissière.

Comment gérer toutes ces ambiguïtés ? Vous l'avez sûrement déjà compris, il est impossible de maîtriser tous les paramètres de la communication avec un enfant tant ils sont nombreux et subtils, mais il est important de réfléchir à ce qu'on transmet dans les mots comme dans les faits. La communication globale, celle que véhiculent les actes quotidiens, doit contenir des messages pertinents, cohérents et marqués au coin du bon sens, car c'est la base de confiance en lui et en l'avenir que l'enfant construit sur les dires et sur les actes de son entourage éducatif.

La majorité des parents aime ses enfants. Chacun, à sa façon, cherche à être un "bon parent" et s'attelle à sa tâche de tout son cœur avec l'espoir que son enfant s'épanouira pleinement. Mais malgré cette évidente bonne volonté, la réalité vient tôt ou tard démentir le rêve de perfection et mettre en échec les théories éducatives initiales. Les choses se compliquent progressivement, entraînant le découragement et la culpabilité chez des parents qui naviguent dix fois par jour entre bonne volonté et impuissance.

Car ce qui manque aux parents, c'est le "comment faire" pour gérer au quotidien les multiples situations auxquelles ils sont confrontés et des réponses aux innombrables questions qu'ils se posent.

Les règles d'une bonne communication avec son enfant comportent des ingrédients-clés :
– de la protection mais pas trop,
– de l'écoute jusqu'à un certain point,

– des permissions encadrées de limites bien solides,
– des encouragements nuancés de critiques cons-
  tructives.

Cela implique donc :
– de renoncer à être un parent parfait et de cesser
  de culpabiliser inutilement,
– de prendre son enfant pour un enfant et de savoir
  lui poser des limites,
– de savoir aussi l'écouter et faire fructifier son
  potentiel de confiance en lui.

Ce livre vous propose des pistes concrètes pour
réaliser cet équilibre subtil entre amour et fermeté,
trouver en vous des réponses claires à vos interrogations et aussi vous permettre de rester connecté à
une vision à long terme de votre mission de parent,
car ce qui importe, au-delà de leur confort présent,
c'est le futur de vos enfants.

Chapitre 1

Les entraves à une bonne communication parents-enfants

La première chose à faire pour améliorer la communication avec ses enfants est de se débarrasser des trois principales entraves à un climat relationnel serein et objectif:
– la culpabilité,
– le perfectionnisme,
– l'adultification des enfants.

La culpabilité des parents

Je me suis rendu compte au cours de ma pratique que les parents, et principalement les mères, vivent leur rôle de parent en étant empêtrés dans une culpabilité incroyable. Cette culpabilité est non seulement très inconfortable pour eux mais aussi, et surtout, nuisible à une bonne relation avec leurs enfants, car la culpabilité des parents est un véritable poison en matière d'éducation. Elle fausse tous leurs repères et leur fait perdre l'objectivité la plus élémentaire. Les limites deviennent mouvantes et aléatoires parce qu'elles sont directement connectées au degré de culpabilité du moment. L'éducation en devient décousue et illogique. Outre que c'est très mauvais pour l'apprentissage futur des maths, l'enfant n'a plus de repère fiable.

Par exemple : un enfant a besoin de sommeil. Il doit donc être couché de bonne heure. C'est une évidence. Mais si la maman culpabilise de l'avoir "abandonné" toute la journée, parce qu'elle est une "horrible mère égoïste" qui travaille, il suffira que son enfant lui dise : "Encore un câlin Maman, je ne t'ai pas assez vue aujourd'hui", pour qu'elle n'arrive plus à l'envoyer fermement au lit. Pourtant, tous les enseignants vous le confirmeront : de nos jours, la plupart des enfants sont bien plus carencés en sommeil qu'en affection.

Autre exemple : celui d'un papa divorcé. S'il n'écoute que lui, ce papa considère qu'un enfant doit se tenir correctement à table. Or, son enfant est en train de manger comme un petit cochon. Mais le papa pense : "Je ne le vois plus que le week-end, je ne vais pas passer mon temps à le disputer." Alors, il ne dira rien et l'enfant n'apprendra pas les bonnes manières.

La culpabilité peut aussi enfermer la relation dans une alternance de maltraitance et de surprotection. Pour se racheter d'être un "mauvais parent", le parent culpabilisé en fait trop, beaucoup trop. Il en rajoute dans le maternage et l'envie de protéger son petit chéri du moindre souci ou désagrément. Il se transforme en esclave corvéable à merci, d'une disponibilité et d'une patience exemplaires, du moins à son avis. L'enfant-roi de son parent-esclave va devenir un tyran domestique. Mais une fois que l'enfant est transformé en petit démon sans repère ni limite, le parent finit par en être excédé. Il crie, gronde, dispute et, même, frappe.

Ce qui est une raison de plus de culpabiliser. Pour se racheter à nouveau d'avoir été un "mauvais parent", celui-ci essaie de se contenir, laisse de ce fait l'enfant dépasser des limites de toute façon mal définies, explose à nouveau, crie, gronde, etc. Plus le parent cherche à écouler sa culpabilité, plus il en récupère.

Lorsque j'anime une conférence sur le thème de cette culpabilité et des dégâts éducatifs qu'elle cause, je vois souvent, dans le public, des parents se mordre les lèvres avec une mine fautive. Eh oui! la culpabilité des parents est tellement ancrée qu'elle peut aller jusqu'à culpabiliser de culpabiliser quand on leur en fait prendre conscience! Cela n'a pas de fin. C'est pourquoi il est urgent et nécessaire de vous débarrasser définitivement de ce sentiment poisseux qui vous entrave dans l'exercice de votre fonction parentale. Responsable, oui absolument. Coupable, non sûrement pas.

La culpabilité du handicap

Il y a aussi une culpabilité particulière au handicap. Elle apparaît quand un enfant naît prématurément ou bien lorsqu'il a un handicap ou une maladie héréditaire. Cette culpabilité est épouvantable surtout chez les mères. Elles se reprochent inconsciemment de n'avoir pas bien "fini" leur petit ou de ne pas l'avoir protégé des gènes porteurs de la maladie. En cas de prématurité ou de handicap, la surprotection est exacerbée et la maltraitance peut l'être aussi. Les statistiques indiquent plus de cas de maltraitance chez les enfants ex-prématurés. Si vous êtes confrontés à cette culpabilité-là, faites-vous aider. Elle nécessite un bon soutien psychologique jusqu'à ce que vous puissiez réaliser pleinement que vous êtes vous aussi la victime de cette situation et non pas "le coupable".

Le mythe du parent parfait

Par amour pour son enfant, chaque parent voudrait lui offrir ce qu'il y a de mieux en matière d'éducation, d'affection, de disponibilité, de patience et aussi lui donner tout ce que lui-même n'a pas eu dans son enfance. Ainsi chacun voudrait être un bon parent et si possible un parent parfait. Le concept pédagogique global qui en découle est censé faire une synthèse cohérente de toutes ces données, bien qu'elles soient souvent contradictoires et incompatibles. C'est pourquoi, en matière d'éducation, la pratique vient bien souvent contrarier la théorie.

Pourquoi vise-t-on la perfection ?

Comme vous avez pu le constater par vous-même, vos enfants vous ont été livrés sans mode d'emploi. Il n'existe aucun diplôme de parent. Le métier de parent est le seul métier pour lequel il n'existe aucune formation théorique possible, parce qu'aucune recette n'est infaillible et que ce qui marche très bien pour un enfant se révélera totalement inefficace pour le suivant. Les parents sont forcés d'apprendre ce métier sur le tas, d'être en permanence dans une dynamique d'essais, d'erreurs et de réajustements pour s'adapter à leurs enfants. C'est seulement une fois la tâche terminée, c'est-à-dire quand les enfants seront devenus des adultes, si possible autonomes et épanouis, que les parents sauront s'ils ont bien accompli leur œuvre. Il est donc impossible de savoir si l'on est un "bon" parent avant la fin de l'éducation de ses enfants.

Pourtant, cette dynamique de tâtonnement n'est pas reconnue comme étant la seule possible pour éduquer correctement. La société attend des parents qu'ils sachent tous seuls, tout de suite et à tous moments, trouver d'instinct la bonne attitude, celle qui va permettre l'épanouissement et la socialisation de leurs chers petits. Bref, la société demande aux parents d'être parfaits. Parents, quoi que vous fassiez, vous aurez tout faux. Trop présents ou pas assez, trop sévères ou pas assez, surprotecteurs ou d'une négligence indigne… Vous trouverez toujours dans votre entourage quelqu'un : grand-parent, enseignant, médecin ou copain, pour vous critiquer et vous faire douter de vos méthodes éducatives. "Tu es trop dur avec lui !" dira l'un, quand l'autre dira parallèlement : "Tu ne devrais pas lui laisser faire ça !"

Pourquoi un parent trouve-t-il toujours quelqu'un pour le critiquer, quoi qu'il fasse ? C'est parce que chacun d'entre nous a une idée très personnelle de ce que doit être une "bonne façon d'éduquer" que MA théorie éducative est, bien entendu, la meilleure de toutes.

De plus, cela fait deux mille ans que l'on présente aux mères occidentales, comme modèle idéal, symbole de pureté et d'abnégation, Marie, la mère de Jésus-Christ. C'est pourquoi, dans l'inconscient collectif, il y a d'un côté la "bonne mère" et de l'autre la "mauvaise".

Puis sont arrivés les débuts de la psychanalyse. Nous avons appris que chaque erreur éducative pouvait avoir des conséquences traumatisantes sur nos enfants. Avoir découvert l'importance de l'éducation dans le devenir de l'enfant est une grande avancée pour l'épanouissement de l'humanité. Mais la société a utilisé cette découverte pour accuser les mères une fois de plus. Tous les maux de leurs enfants viendraient d'elles et uniquement d'elles. C'est un peu facile, car en parallèle, il n'y a pas grand-chose de fait pour seconder les mères dans leur tâche : trop peu de crèches, des congés parentaux bien courts, des horaires scolaires inadaptés aux horaires de travail, des horaires professionnels ne tenant pas compte des exigences de la vie d'un parent et, par-dessus tout cela, un profond mépris pour la mère au foyer.

Et la majorité des gens croit au mythe de la bonne et de la mauvaise mère. La bonne mère est celle qui devine sans effort tous les besoins de son enfant. Elle prend soin de lui aussi naturellement qu'elle respire et cela lui fait assurément plaisir. Elle n'a pas besoin de se forcer parce qu'elle n'en a jamais marre. Elle est en symbiose parfaite avec son bébé. Elle possède spontanément tous les savoir-faire indispensables : recoudre un bouton, stériliser un biberon, diagnostiquer une otite, faire patienter son bébé dans une salle d'attente bondée. En plus des soins corporels, la vraie bonne mère donne à son enfant un environnement de soutien chaleureux et plein d'amour. Sereine et épanouie du lever au coucher du soleil, elle fixe des limites précises et protège efficacement des vrais dangers. Sa dévotion à son enfant et le plaisir de pouponner sont inébranlables.

De l'autre côté, il y a la mauvaise mère. La mauvaise mère, elle, se lasse facilement de ses enfants et est indifférente à leur bien-être. C'est une femme si égoïste qu'elle ne peut discerner ce qui convient à sa progéniture. Insensible à ses besoins, elle n'en comprend pas les émotions. Elle utilise souvent ses enfants pour sa gratification personnelle. Cette femme leur fait du mal sans le savoir. Comme elle est incapable de tirer une leçon des souffrances qu'elle cause, elle ne peut pas s'améliorer.

C'est vraiment surprenant de réaliser que lorsque l'on s'intéresse à la condition des mères, on ne peut plus être adulte et objectif! C'est comme si la société retrouvait le regard et l'âge mental d'un nourrisson pour juger les mères. Le dévouement de MÔman est normal et doit être total 24h/24, 365 jours par an sur toute la vie, na!

Et tous les discours éducatifs vont dans ce sens. L'objectif d'une mère doit être de devenir "parfaite" au sens que je viens de décrire. Les manuels péda-gogiques ont un ton perfectionniste pour lui apprendre comment atteindre cette perfection dans le dévouement. Aucun manuel ne conseille aux mamans de se vernir les ongles pendant la sieste du petit ou au couple de jeunes parents d'aller danser le samedi soir pour retrouver le plaisir de s'occu-per du bébé pendant la semaine. Aucun manuel ne les informe que tous les parents, à un moment donné, en ont marre, n'en peuvent plus, ont envie de retrouver leur vie sans enfant, sans pour autant être des monstres. Aucun manuel ne donne les trucs et astuces qui permettraient aux parents d'avoir la paix cinq minutes ou même un après-midi entier pour souffler un peu. Non, au contraire, ils vont leur apprendre comment en faire plus, toujours plus pour leurs chers petits.

Ce perfectionnisme est bien naïf. La bonne et la mauvaise mère ne sont que les deux facettes d'une même fonction et ne sont, de plus, que le point de vue d'un enfant (la fée et la sorcière). Si certains parents sont effectivement des parents indignes, la plupart des parents aiment leurs enfants et voudraient faire pour le mieux. Mais confrontés à la réalité quotidienne, ils éprouvent bien souvent un sentiment d'échec. Et la culpabilité s'éveille chez les parents dès qu'ils n'ont plus ni la patience, ni le désir, ni la force de rester à la hauteur du mythe du parent parfait. Pourtant, les jeunes enfants, dans leur dépendance absolue, demandent une attention considérable et cet effort constant est difficile à soutenir. Tous les parents se surprennent par moments à ne pas être authentiques dans leur amour et à ne pas répondre aux besoins de leurs enfants. C'est une réalité objective : même en les aimant tendrement, à certains moments, nos enfants sont pénibles à supporter. Car élever un enfant demande tant d'énergie, de présence que les parents sont légitimes à éprouver par moments de la colère face aux exigences incessantes de l'enfant et aussi à ressentir de la frustration devant les tâches ennuyeuses et répétitives qu'il leur impose.

Les dangers du perfectionnisme
Le mythe du parent parfait, toujours disponible, patient, compétent, va générer deux possibilités de déséquilibre.

Premier cas de figure : le parent met trop de pression à son enfant
Quand un parent veut être parfait, son enfant devient un carnet de notes ambulant, le carnet de notes de son parent. En effet, ce sont les talents d'éducateur du parent que démontre en permanence le comportement de l'enfant. Si le parent veut prouver au monde qu'il est parfait tel qu'il croit devoir l'être, l'enfant, lui, est obligé de devenir un enfant parfait pour correspondre à l'éducation parfaite que lui donne son parent parfait. Car, si l'enfant n'est pas parfait, cela veut dire que l'éducation elle-même n'est pas parfaite, donc que le parent n'est pas parfait non plus. C'est bien lourd à porter pour un enfant de devoir être parfait dans le but de rassurer ses parents sur leurs talents éducatifs.

Deuxième cas de figure : le parent ne met pas assez de pression à son enfant
Si un parent est parfait tel que l'imagine l'inconscient collectif, il sait tout, tient toutes ses

promesses, ne ment jamais, n'est jamais énervé, ni fatigué, ni malade. Il est toujours disponible, patient, à l'écoute de son enfant. Il ne contrarie jamais son petit chéri d'amour parce qu'il veut qu'il soit toujours content, heureux et épanoui. Bref, le monde dans lequel évolue cet enfant doit être parfait lui aussi. Placé dans cette ambiance irréellement positive, l'enfant croira que la vie doit forcément être facile, drôle et distrayante. Donc, la vraie vie ne pourra que le décevoir quand il s'y frottera pour de bon.

Il manque le "non"

Il est important de réaliser que dans le modèle du parent parfait, on a oublié la place du "non". C'est-à-dire que les parents voudraient ne jamais avoir à le prononcer. Ils se plaignent de devoir seriner inlassablement : "Passe à la douche", "Va faire tes devoirs", "Range ta chambre". En fait, ils voudraient que leurs enfants pensent à accomplir toutes les tâches qui leur incombent sans cadrage extérieur. Pourtant, il n'y a aucun échec parental à devoir verbaliser ces consignes et les répéter tous les jours. La discipline précède l'autodiscipline. Il faudra des années de cadrage intensif pour que les attitudes disciplinées soient automatisées.

L'adultification des enfants

En matière d'éducation, les choses ont beaucoup évolué ces trente dernières années. On n'élève plus les enfants comme on les élevait du temps où nous étions nous-mêmes petits. Cette évolution de l'éducation des enfants est due, tout d'abord, à l'évolution consumériste de la société et à ses progrès technologiques. La console vidéo n'existait pas lorsque nous étions petits. Pour les plus anciens d'entre nous, la télé avait d'une à trois chaînes et la plupart des cinémas n'avaient qu'une salle. Nous n'étions pas encore dans une société de consommation, d'abondance et de sollicitation constante. Les cadeaux étaient réservés aux périodes de Noël, d'anniversaire et de communion solennelle. Il en va tout autrement aujourd'hui*.

Il y a aussi eu la révolution de mai 68 qui est venue bouleverser les idées en matière d'éducation avec le célèbre "Il est interdit d'interdire" et le mythe du "parent-copain" qui voulait faire croire que c'était bien de traiter d'égal à égal avec ses enfants et qui a fait tant de ravage dans l'éducation. À travers les stratégies publicitaires, il apparaît que les enfants sont considérés comme les véritables décideurs des achats familiaux. Ce qui amène à se poser ces questions : Quelle place occupent aujourd'hui les enfants dans le foyer ? Qui a le pouvoir à

---

* Voir René Blind & Michael Pool, *Mon enfant et la consommation*, éd. Jouvence, 2001.

la maison? Prenons-nous encore nos enfants pour des enfants?

Françoise Dolto

Et puis, surtout, il y a eu Françoise Dolto. Il restera toujours un avant et un après Françoise Dolto. Ses enseignements étaient à l'époque révolutionnaires. Le problème est que ses enseignements étaient tellement révolutionnaires qu'ils ont souvent été mal interprétés et compris de travers par des parents enthousiastes et avides d'outils psychologiques. Beaucoup des difficultés que rencontrent aujourd'hui les jeunes parents avec leurs enfants viennent de ce Doltoïsme sauvage qui leur complique la tâche. Car les enseignements de Françoise Dolto mal interprétés font des dégâts dans les familles.

Vérifions ensemble que vous n'êtes pas victime de croyances erronées.

– Françoise Dolto a dit : *"Le bébé est une personne."*

L'intention était bonne, elle voulait qu'on arrête de prendre les enfants pour des petits animaux sans cervelle et qu'on leur accorde respect et attention, mais elle n'a jamais dit : "Le bébé est un adulte." Pourtant, c'est souvent ainsi que cela se traduit. Beaucoup de parents traitent d'égal à égal avec leurs enfants. Et pour les petits, c'est vraiment effrayant.

– Françoise Dolto a dit : *"Il faut parler aux bébés."*

C'était aussi une bonne idée. Avant, les bébés étaient pris pour des tubes digestifs. Non seulement on ne leur parlait pas, mais en plus, on parlait d'eux devant eux sans réaliser qu'ils pouvaient déjà comprendre beaucoup de choses. Le problème, c'est que le "Françoise Dolto mal digéré" amène les parents à noyer leur enfant sous un flot de parole continu qui le dépasse. Trop de détails, trop d'explications, trop d'informations. Les explications sont souvent trop longues et trop compliquées pour leur âge mental. Quand les enfants posent des questions, ils attendent une réponse à leur portée.

– Dans le même registre, Françoise Dolto a dit : *"Il faut dire la vérité aux enfants, notamment sur leur procréation."*

Autrefois, on mentait aux enfants, on leur cachait des vérités "pour leur bien". Pour Dolto, le silence et le mensonge sont plus traumatisants que les paroles. Des mots bien posés sur une situation dramatique aident à la surmonter. Mais Dolto mal comprise, ça a donné : "Il faut tout dire aux enfants, sans leur épargner aucun détail, y compris quand cela ne les regarde pas." Et nos enfants ont quelquefois des choses très lourdes à gérer parce qu'ils ont reçu des informations trop détaillées sur des sujets qui ne les concernaient pas. Bien sûr, il faut dire la vérité aux enfants mais simplement, brièvement, avec objectivité et sans détail inutile et uniquement si cette vérité les touche eux, dans leur vie personnelle.

– Françoise Dolto a dit : *"Les parents n'ont aucun droit et tous les devoirs."*

Autrefois, l'enfant devait satisfaire ses parents et répondre à leurs attentes : reprendre la ferme familiale, faire Polytechnique ou travailler tôt pour aider ses parents en leur donnant son salaire et il gardait une dette vis-à-vis de ses parents quoi qu'il ait reçu dans son enfance. C'était donc bien que les parents deviennent conscients de leurs responsabilités d'éducateurs, qu'ils apprennent à écouter leurs enfants et à respecter leurs choix de vie. Mais, ça a dérapé en : "L'enfant a tous les droits et il faut satisfaire ses moindres désirs, lui demander son avis sur tout. Le parent n'a aucun droit d'exister." Et l'on retrouve toutes les dérives de l'enfant-roi, centralisant tous les pouvoirs à la maison. Reprenez votre pouvoir d'adulte !

Lorsqu'on les replace dans leur contexte initial, les propos de Françoise Dolto offrent une belle ouverture pour plus de respect et d'attention envers les enfants. Quel dommage que leur mauvaise interprétation ait si souvent apporté l'inverse dans les familles !

Réussir à tout prix

En parallèle du Doltoïsme sauvage, il y a aussi l'angoisse des parents à propos de la réussite de leur enfant. La crise économique est passée par là. La génération des adultes d'aujourd'hui a connu la peur du licenciement, l'obligation de se reconvertir, les contrats de travail temporaires et la précarité de l'emploi. De plus, comme je vous le disais dans l'introduction, la famille s'est repliée sur son aspect le plus nucléaire : les parents et leurs enfants. Et l'enfant est devenu le centre de l'intérêt familial, porteur des besoins affectifs de ses parents et de leurs espoirs de succès. Les parents ont un tel désir de voir réussir leur enfant dans la vie, une telle envie de mettre toutes les chances de son côté qu'ils lui créent un emploi du temps digne de celui d'un ministre et lui mettent souvent beaucoup de pression.

Les enfants d'aujourd'hui portent l'obligation de réussir. C'est très lourd, très stressant, très angoissant. Ils sont à l'école de la compétition et découvrent tôt le surmenage. L'école, les devoirs et leurs résultats scolaires sont le sujet de conversation principal, voire le seul sujet de conversation familiale. L'emploi du temps est surbooké. Les activités extrascolaires : solfège, musique, sport, viennent s'additionner au travail scolaire. Les vraies vacances n'existent plus. Il y a les cahiers de vacances, les séjours linguistiques, les stages sportifs. Leur temps libre doit aussi être rentabilisé. Même pour les tout-petits, les jouets se veulent de plus en plus éducatifs. On ne joue plus pour jouer mais pour apprendre en s'amusant. Nuance ! Les enfants n'ont plus l'espace de rêver, de jouer, ni même le temps de s'ennuyer. Alors, prenons-nous encore nos enfants pour des enfants ? Il semblerait vraiment que non. Adultifiés, compétitionnés, surmenés, stressés... comme des grands.

Pourtant, il existe une frontière naturelle entre le monde de l'enfance et le monde des adultes. Autrefois, cette frontière était très marquée. Les enfants ne parlaient pas à table, allaient se coucher quand les parents veillaient, ne se mêlaient pas aux conversations d'adultes et ne discutaient pas les décisions de leurs parents. Ils avaient tout loisir de vivre dans une bulle magique de jeu et d'insouciance, quelquefois entre deux taloches, je vous l'accorde, mais rappelez-vous... Simplement, rappelez-vous !

Ces trente dernières années, cela a beaucoup changé et si le passage objectif de l'enfance à l'âge adulte se fait de plus en plus tard, les enfants sont traités en mini-adultes de plus en plus tôt. Ils se mêlent des conversations des grands, coupent la parole, participent aux prises de décisions et les imposent parfois carrément. Que reste-t-il du monde magique et protégé de l'enfance quand les lettres au père Noël de nos chères petites têtes blondes ont le cynisme d'une commande de VPC ?

Or, la plupart des problèmes familiaux viennent du non-respect de cette frontière entre le monde de l'enfance et le monde des adultes par un ou plusieurs membres de la famille. Parents infantiles, enfants adultifiés, relations de copinage intergénérationnel, tout cela déséquilibre la structure familiale et est préjudiciable à l'épanouissement des enfants. Les enfants ont le droit d'être considérés comme des enfants. Ils ont le droit d'être insouciants, gaffeurs, joueurs, immatures. Respectez cette frontière naturelle qui sépare le monde de l'enfance du monde des adultes. Pour bien communiquer avec eux, prenez vos enfants pour des enfants.

L'antidote à ces entraves existe

Comme vous avez pu le découvrir, la culpabilité, le perfectionnisme et l'adultification des enfants sont les principales entraves au bon exercice de votre fonction parentale. Pour vous permettre de vous en délivrer, je vous propose des pistes pour retrouver le droit à une imperfection confortable pour vous et constructive pour vos enfants. L'objectif, c'est d'apprendre à en faire moins avec une meilleure conscience, d'apprendre à se faciliter la vie au lieu de se la compliquer, de retrouver la simplicité, l'évidence et le bon sens.

La première consigne est moins de psychologisme et plus de rationnel

Il y a un moment où c'est utile de se poser des questions, cela prouve qu'on est quelqu'un d'ouvert et c'est important d'être prêt à remettre en cause son propre fonctionnement pour évoluer. Mais à se vouloir trop ouvert, on reste en courant d'air. Les enfants ont besoin de certitudes, vos trop nombreuses interrogations vont les déstabiliser. C'est pourquoi il y a aussi un moment où c'est tout aussi bien d'arrêter de se poser des questions et de retrouver le bon sens le plus élémentaire. Un enfant doit manger de tout, se laver les dents, faire ses devoirs, ranger sa chambre, obéir à ses parents et se coucher tôt. Au lieu de tergiverser et de négocier longuement en vous demandant quelle souffrance psychologique exprime son refus de manger ses petits pois, revenez au basique: "Allons, tais-toi donc et mange!" Cela reposera tous les cerveaux.

Renoncez à votre fantasme de perfection

Pour ne plus vous laisser ronger par la culpabilité, arrêtez de croire qu'il peut exister des parents parfaits, des enfants parfaits ou une façon idéale d'éduquer ses enfants. Chaque parent fait ce qu'il peut avec ce qu'il a et personne ne peut prétendre s'en tirer toujours parfaitement, sauf quelques vantards menteurs ou manquant totalement d'objectivité.

Lors d'un stage, une maman de trois enfants nous a raconté l'anecdote suivante. Le samedi précédant le stage, la journée avait mal commencé pour toute sa famille. Cris, pleurs, disputes et bouderies avaient alimenté leur matinée. Au repas de midi, même le couple était en froid et l'ambiance restait lourde. Puis, vers 15h, la famille sortit faire des courses dans un magasin de jardinage. Le plaisir de la sortie, les décorations de Noël, les quelques achats ont réchauffé tous les cœurs et lors du passage en caisse, la famille avait retrouvé sa cohésion et sa bonne humeur. C'est pourquoi la caissière s'écria : "Quelle belle famille vous avez ! Comme vous avez l'air de bien vous entendre ! Ça fait plaisir à voir." Cette maman a conclu son histoire en nous disant : "La caissière nous a pris pour une famille parfaite mais, si elle nous avait vus le matin, elle aurait pensé tout le contraire !" Donc, à votre tour, soyez-en sûr : si vous croisez une famille parfaite, c'est forcément un mirage !

Dans la même logique, refusez d'écouter les critiques des autres. Vous remarquerez d'ailleurs que ceux qui critiquent le plus sont ceux qui n'ont pas d'enfant, qui ne savent donc pas de quoi ils parlent ou ceux qui ont oublié ce qu'ils vivaient quand leurs enfants avaient l'âge des vôtres. De plus, critiquer, c'est très facile, c'est à la portée du premier imbécile venu. Comprendre, tolérer, accepter, compatir, c'est bien plus difficile. Laissez les critiqueurs dans leur perfectionnisme. Vous, maintenant, vous avez compris.

Restaurez votre égoïsme

Pour conserver à vos enfants un parent gai, rieur, disponible et patient, il faut que vous soyez en bonne santé, reposé et que vous ayez des distractions. Donc, chouchoutez-vous. Prenez soin de vous, prenez le temps de boire (vous désaltérer!), de manger, de dormir et de sortir. Accordez-vous des moments de vraie détente! Vous n'en serez que plus efficace et plus disponible après. Je soutiens qu'une maman qui a passé une demi-heure dans un bain plein de mousse, avec une musique qu'elle aime, un thé parfumé, un masque sur la figure (et la porte de la salle de bain FERMÉE à CLEF!) sera une bien meilleure maman après son bain que celle qui aura fait la vaisselle et repassé du linge en arbitrant les disputes pendant la même demi-heure.

De même, au niveau de l'égoïsme, à prix égal, il vaut mieux investir dans un lave-vaisselle que dans la dernière console de jeu. D'ailleurs, si vous aviez économisé sou à sou sur chaque chewing-gum, chaque glace, chaque autocollant que votre enfant vous a extorqué, vous l'auriez déjà votre lave-vaisselle, n'est ce pas? Vous y réfléchirez: souvent, ce qui simplifierait la vie de maman est trop cher, mais quand il s'agit de faire plaisir aux petits, on ne lésine plus. Enfin, pour l'égoïsme, mamans, prenez exemple sur les papas. C'est eux qui ont raison. Vous en faites trop, vous êtes trop à la disposition des autres. Apprenez à vous reposer, à envoyer promener les gêneurs, à lâcher votre éponge.

Justement parlons un peu des tâches ménagères. Beaucoup de mamans, imprégnées du modèle de leur propre mère, s'imaginent qu'être une "bonne" maman, c'est être une ménagère et une cuisinière irréprochables, voire une servante ou une esclave pour des enfants transformés en rois fainéants. Ne confondez plus "amour" avec "maternage" et encore moins "maternage" avec "ménage". Faites-vous aider. Dites sans complexes: "Je suis débordée. Peux-tu, s'il te plaît, t'occuper de… pendant que je…" Mesdames, apprenez à demander. Chacun doit participer à son niveau. D'ailleurs les petits adorent se sentir utiles. Je suis sûre que dans toute fée du logis sommeille une sorcière qui ne demande qu'à s'exprimer.

En résumé, pour simplifier sa vie ménagère, il y a deux questions-clés: *"Est-ce vraiment indispensable de faire cela?"* Et si oui: *"Qui d'autre pourrait le faire à ma place?"*

Lorsque vous saurez en faire moins avec une meilleure conscience et que vous aurez le réflexe de chercher à vous simplifier la vie au lieu de vous la compliquer, lorsque vous aurez retrouvé le droit d'être parfait dans votre imperfection, vous proposerez un modèle d'adulte confortable et constructif à vos enfants. Débarrassée de toute culpabilité inutile, votre communication sera grandement assainie. Elle deviendra chaleureuse, authentique, cohérente et pleine de bon sens.

Chapitre 2

Le langage de protection

Je suis ton guide et ton soutien

Imaginez que vous souhaitiez faire une belle course en montagne. En personne prudente et avisée, vous décidez de vous faire accompagner par un guide de haute montagne diplômé. Sa présence vous sécurisera et son expérience vous sera précieuse pour atteindre votre destination dans les meilleures conditions de confort et de sécurité.

Vous attendez de ce guide qu'il contrôle votre matériel, le contenu de votre sac à dos, qu'il vérifie votre habillement et les victuailles que vous emportez avant le départ, quitte à vous demander de changer de chaussures ou de prendre un pull de plus. Dans votre esprit, il doit aussi avoir une vision globale de votre expédition, le temps de randonnée, les lieux de bivouac, la connaissance de la météo, etc. Le trouveriez-vous professionnel de ne pas agir ainsi ? De même, vous trouveriez normal que votre guide vous envoie fermement au lit à 20h si le départ du refuge est prévu à 4h pour une arrivée au sommet à midi. En revanche, vous lui en voudriez beaucoup de vous avoir laissé veiller sans vous prévenir de l'effort qui vous attendait le lendemain. N'est-ce pas? Mais imaginez maintenant que dès le départ, votre guide se mette à vous demander sans cesse où et quand vous voulez faire la prochaine pause, par où vous voulez passer, votre avis sur l'itinéraire ou la météo et qu'il ne prenne aucune décision lui-même, se référant systématiquement à votre bon vouloir parce que "c'est vous qui décidez, puisque vous êtes le client". Et si au cours du trajet, vous découvrez brusquement qu'il n'en connaît pas plus que vous au sujet de la montagne et qu'il est lui-même effrayé et perdu? Ce serait paniquant, n'est-ce pas? Inversement, c'est si bon de pouvoir se reposer les yeux fermés sur la compétence d'un professionnel super-calé, de se laisser guider, protéger, conduire.

Oui, c'est exactement de cela dont vos enfants ont besoin: de vous sentir forts et compétents au-dessus d'eux pour les accompagner dans leur croissance. En tant que parent, vous êtes leur guide de vie. Si vous traitez d'égal à égal avec vos enfants, si vous vous placez en serviteur dévoué, vous les lésez du guide de vie auquel ils ont droit et dont ils ont besoin.

Prenons un autre exemple: imaginez que vous soyez brusquement nommé PDG d'une grande multinationale sans en avoir la qualification. Autour de vous, il n'y a que des gens obséquieux qui vous demandent quelles décisions vous allez prendre sur tel ou tel domaine qui vous dépasse complètement. Vous avez bien conscience que vous n'y connaissez rien, que vos décisions pourraient être lourdes de conséquences et mener la société à une épouvantable faillite, mais comme tout votre entourage nie votre incompétence et vous traite en génie du marketing, vous vous dites que vous devriez savoir faire et cela augmente votre peur et votre solitude. C'est exactement ce que ressent un enfant à qui l'on demande son avis sur tout. Les parents croient être à son écoute, croient devoir tenir compte de ses désirs et de ses opinions et en fait le terrorisent en le mettant devant des choix qui le dépassent.

"Que veux-tu manger, mon chéri ?" Un enfant n'étant pas un nutritionniste, il répondra bien évidemment : "Des frites et du chocolat." Très embêté par cette réponse qu'il a pourtant bien cherchée et dont il aurait pu se douter, le parent va tenter une autre approche : "Tu ne crois pas que ce serait bien de manger un peu de légumes, des haricots verts par exemple ?" L'enfant ne comprend plus : il faudrait savoir, je suis le PDG ou je ne le suis pas ? Alors il durcit son regard et péremptoire, réplique fermement : "Non, ze veux des frites !" Le parent s'est compliqué la tâche tout seul. Maintenant, pour intégrer ses haricots verts dans un menu, il va devoir faire preuve d'une sacrée créativité! C'est pareil pour les vêtements, les enfants ne sont pas des météorologues. "Comment veux-tu t'habiller, mon poussin? Tes sandalettes rouges? Mais enfin, mon chéri, il neige!" Nos enfants sont mis devant des choix trop compliqués, devant des décisions trop lourdes qui les dépassent et tout cela les insécurise beaucoup.

Vous êtes leur guide de vie. À ce titre, vous devez leur assurer une protection importante pour qu'ils puissent développer une base de confiance en leur environnement. Un bébé, puis un enfant qui se fait souvent mal, en se cognant, en s'égratignant, en tombant, en buvant la tasse, même s'il ne se blesse pas gravement développe une insécurité latente. C'est pourquoi il est très important de bien faire la différence entre "faire porter ses peurs" et "protéger".

"Ne t'éloigne pas du bord, tu vas te noyer!" est de l'ordre du "Porte mes peurs". "Tu peux y aller avec tes brassards. Moi, je reste à côté de toi et je te regarde" est de l'ordre de la protection. Sans relâcher sa vigilance, on peut aussi commencer très tôt à expliquer et à enseigner les premières consignes de sécurité sur les produits toxiques, l'électricité, le maniement des couteaux et des ciseaux, sur les flammes et le four qui peuvent brûler. Pour rester dans la notion de protection, il faut accentuer l'aspect "consignes de sécurité" pour que tout se passe bien et non pas dramatiser le danger potentiel pour effrayer. Au lieu de dire : "Ne touche pas à ça, malheureux, tu vas te faire mal !", dites plutôt : "Pour toucher à cela en toute sécurité, il y a des règles à respecter. Viens, je vais te les montrer."

Avez-vous remarqué, d'ailleurs, que lorsqu'on choisit l'option "Porte mes peurs", celles-ci se transforment souvent en prophéties. "Ne cours pas, tu vas tomber !" est systématiquement suivi de près d'un : " Tu vois, je te l'avais bien dit, mais tu ne m'as pas écouté."

Je prends en charge tous tes besoins

Cette base de confiance en la vie en général va aussi être donnée aux enfants par la satisfaction de **TOUS leurs besoins physiologiques** : avoir bien chaud mais pas trop, boire, manger, dormir, jouer, avoir des câlins à satiété. Eh oui ! jouer et avoir des câlins font partie des besoins physiologiques des petits (et des plus grands aussi). En revanche, il faut bien faire la différence entre "besoins" et "désirs", car si les parents sont responsables de la satisfaction des besoins de leurs enfants, ils n'ont pas à prendre en charge leurs désirs. À titre d'exemple, une bonne paire de baskets confortables et solides est un "besoin". Le logo d'une marque célèbre et hors de prix, sur lesdites baskets, "un désir". Après cette importante précision, revenons maintenant aux basiques besoins physiologiques des enfants.

– **Manger.** En ce qui concerne la nourriture, dans nos pays industrialisés, il y a peu de risques que les enfants connaissent la faim d'une façon traumatisante. Les enfants occidentaux sont même trop nourris et surtout mal nourris. Trop de sucres rapides au petit-déjeuner induiront un coup de fatigue dans la matinée. Ce coup de fatigue combattu par un en-cas vers 11h, leur coupera l'appétit pour le déjeuner qu'ils bouderont. Cela induira un nouveau coup de fatigue dans l'après-midi, etc. Ces coups de pompe liés à l'hypoglycémie génèrent un mal-être et une insécurité latente. Pour pouvoir bien nourrir ses enfants, il faut combattre l'impact de la publicité qui les harcèle, mais la lutte en vaut la peine. L'obésité des enfants, autrefois cantonnée aux États-Unis, commence à gagner les pays d'Europe. Et tout comme vous attendriez de votre guide de haute montagne qu'il vous conseille les aliments adaptés à l'effort que vous devez fournir pour que vous ne soyez ni faible ni somnolent tout au long de la course, vos enfants ont besoin de votre bon sens pour avoir une nourriture équilibrée qui leur procure une énergie durable et une bonne santé, à court comme à long terme.

– **Boire.** Nous savons tous que les bébés sont très sensibles à la déshydratation. Mais il est important de savoir aussi que, même plus grands, les enfants restent très sensibles à la soif dont ils ne savent pas forcément identifier la sensation. Cela vient notamment des sodas et jus de fruits qui se boivent par gourmandise et non par soif, mais aussi du fait qu'ils sont trop pris par leurs activités pour écouter leur corps. Ils courent, transpirent, ont chaud (surtout que la plupart des mamans, elles-mêmes frileuses, couvrent trop leurs enfants) et se déshydratent. La déshydratation rend nerveux, insécurisé et agressif. C'est pour cela que lors de mes stages sur la gestion des conflits, je suggère aux participants d'offrir à une personne agressive de discuter du problème en buvant un verre. Pas d'alcool, bien sûr, cela aggraverait les choses mais un café, un verre d'eau… et cela m'a souvent été confirmé : le verre d'eau fraîche fait des miracles. Donc, vérifiez régulièrement que vos enfants boivent assez, surtout si vous les sentez nerveux, agressifs et inquiets.

– **Dormir.** En ce qui concerne le besoin de sommeil, les choses s'aggravent nettement. Les pédiatres, les assistantes maternelles, les enseignants serinent sans relâche qu'il faut coucher les enfants plus tôt. C'est une pitié de voir ces petits somnoler en classe avec des grands cernes sous les yeux. Même pour les bébés, ce n'est pas évident de respecter leurs heures de sommeil. Il faut les déposer tôt chez la nourrice avant d'aller travailler ; leur heure de sieste risque d'être écourtée parce qu'il faut emmener le frère aîné à son cours de piano. Pourtant, le repos fait partie intégrante de la base de confiance et de sécurité. Le manque de sommeil, comme la soif, génère un mal être insécurisant, que nous connaissons aussi en tant qu'adultes : comme on est mal quand on n'a pas dormi ! Les enseignantes en maternelle le confirment : les enfants trop fatigués ne tiennent plus que sur les nerfs. Ce sont les enfants les plus agités qui s'effondrent les premiers à l'heure de la sieste. Une solution s'impose : coucher les enfants plus tôt, vraiment plus tôt. 20h, 19h30 pour les plus jeunes ou pour les gros dormeurs. Ce n'est pas évident quand on rentre tard du travail. Il y a le repas à préparer, le bain, la petite histoire à lire à chacun. Et c'est là où les mamans ont terriblement besoin des papas. Beaucoup d'hommes ont horreur du "6 à 8" qui est un moment de surmenage intense quand on a des tout-petits. Alors, pour se donner bonne conscience tout en échappant à ce calvaire, ils travaillent tard et même traînassent carrément au bureau. Ne niez pas, Messieurs, beaucoup d'hommes m'ont avoué cela ! Moralité, les papas rentrent à 20h30, voire 21h, pour être sûrs d'échapper à toutes les corvées et passent de surcroît pour des héros, pauvres bourreaux de travail qui s'exténuent pour leur famille ! Mais à cause de ce fonctionnement, les enfants qui attendaient leur Papounet d'amour pour le bisou du soir ne sont pas encore couchés. Quant à la maman, qui a assuré le coup de feu toute seule, elle est au bord de la crise de nerf. Messieurs, j'en appelle à l'amour que vous avez pour votre épouse et pour vos enfants. Arrêtez de vous la jouer "Je suis un homme écrasé de travail !"

Si vous continucz à fuir lâchement le 18h/20h, vous allez passer à côté des plus importantes années de vos enfants, ccllcs où ils ont vraiment besoin de vous et vous allez vous fabriquer une épouse aigrie et peu disponible pour vous. Alors que si vous rentrez tôt, vous vous rendrez vite compte qu'à deux, le 18h/20h n'est pas si terrible que ça, qu'il peut y avoir un réel plaisir à donner le bain ou à raconter l'histoire du soir. Dès 19h30, 20h au plus tard, vous aurez à vos côtés une épouse aimante, détendue, reconnaissante pour votre soutien. Les enfants couchés tôt, ça laisse une longue soirée devant soi ! Et vous savez, Messieurs, comment les femmes reconnaissantes montrent leur gratitude… Remarquez l'habile transition que j'utilise pour vous parler du dernier besoin physiologique.

– **Jouer et avoir des câlins.** Contrairement à ce que prônaient nos grands-mères, être dans les bras de ses parents autant qu'on en a besoin lorsqu'on est bébé nc rend pas capricieux, bien au contraire. Cela sécurise pour la vie entière. Et le jeu est un besoin pour les enfants, comme la détente l'est pour les grands.

Lorsqu'un enfant est bien nourri, bien hydraté, bien reposé et bien câliné, lorsqu'il ne se fait pas trop de bosses et d'égratignures, il est naturellement serein et sécurisé. Enfin, pour compléter cette sensation de sécurité, l'enfant a besoin d'avoir un toit solide et stable au-dessus de sa tête et de savoir que ses parents assurent à tous niveaux sa protection morale, physique et même financière. "Je n'ai plus de sous !" fait partie des phrases qui terrorisent les enfants comme : "Si tu ne viens pas immédiatement, je pars sans toi." ou "Oh lala ! mais tu es beaucoup plus fort que Maman !" Si un enfant se croit plus fort que sa mère qui est une adulte, comment va-t-il se sentir protégé par elle ?

Que la force soit avec vous !

Le message que nos enfants nous demandent d'émettre pour être rassurés est : "Moi, ton parent, je suis plus fort que toi physiquement et moralement. Je peux donc te défendre efficacement."

Vous avez sans doute remarqué que les papas se font plus facilement obéir de leurs enfants que les mamans. La raison en est simple. Il suffit qu'ils soulèvent leur enfant comme une petite plume au moment du bisou du soir pour faire démonstration de leur immense force physique si sécurisante.

Souvent aussi, les pères ont le chahut facile. De leurs grands bras musclés, ils ceinturent leur progéniture qui piaille, vexée d'être immobilisée :

"Arrête Papa, tu me fais mal!" C'est totalement faux, bien sûr, les papas ne sont pas idiots et savent mesurer leur force. Il s'agit pour l'enfant d'une manœuvre d'intimidation pour tester si la force morale est à la hauteur de sa force physique. D'instinct, les hommes le sentent et maintiennent l'immobilisation de l'enfant jusqu'à ce qu'il reconnaisse implicitement son infériorité. Soumis et vexé mais tranquillisé, l'enfant sait qu'il a le papa le plus fort de la terre et se sent pleinement protégé. Malheureusement, les mamans viennent souvent saboter ce rituel sécurisant. En entendant couiner leur petit, elles se fâchent contre leur mari et crient: "Mais, lâche-le donc, espèce de brute, tu lui fais mal!" Les papas, penauds, s'exécutent. Ni l'un ni l'autre des parents ne réalise que le message qui passe alors est: "Ton père a beau être le plus fort papa de la terre, il n'est qu'une marionnette qui obéit au doigt et à l'œil à sa faible épouse." Oui, "faible", Mesdames, puisqu'elle se laisse berner avec sensiblerie par les geignements roublards du bambin. Et l'enfant sait que sans force morale, la force physique ne sert pas à grand-chose.

De plus, la multiplication des divorces amène de plus en plus souvent les mères à élever seules leurs enfants. Qui va être l'élément protecteur du foyer si Papa n'est pas là et si Maman se laisse attendrir en toute occasion ou se prétend moins forte que son petit enfant? Croyant faire plaisir au petit bonhomme et flatter son *ego* masculin, les mamans en rajoutent souvent dans le "T'es drôlement costaud, dis donc. Tu es plus fort que Maman!", "Je n'arrive plus à te soulever tellement tu as grandi!" ou ce genre de phrases qui croient mettre en valeur les qualités viriles du petit mâle naissant, mais qui paniquent les petits garçons. Car ils ne sont pas idiots. Flattés certes, mais lucides sur le fait qu'ils sont hauts comme trois pommes et aussi incapables de se défendre eux-mêmes que de protéger cette maman si vulnérable.

Lors de mes conférences, j'invite donc les mamans à se montrer plus "viriles" avec leurs petits. Soulever un jeune enfant sans grimacer sous l'effort est à la portée de n'importe quelle femme adulte, hors lumbago évidemment. Et lorsque le comportement d'un enfant (vers quatre ans, en général) devient déjà difficile à cadrer, je propose aux mamans de faire l'exercice suivant : organiser un chahut à l'instar d'un Papa et en profiter pour immobiliser l'enfant. Le plus facile est de lui croiser les bras sur la poitrine pour le maintenir par les poignets. C'est un chahut. On rigole, Maman l'embrasse dans le cou, lui dit : "Lalalère, je t'ai attrapé ! Je te tiens!" et lui promet de le lâcher s'il dit la formule magique qui ouvre les doigts ("S'il te plaît, Maman"). Comme avec le Papa, le petit, vexé va tenter d'intimider sa mère. "Aïe ! Arrête ! Lâche-moi! Tu me fais mal!" L'enfant va probablement crier, pleurer, se débattre. Les enjeux psychologiques sont très importants. C'est pourquoi il faut que les mamans tiennent bon, quoi qu'il en coûte, sinon l'exercice atteindra l'effet inverse et confirmera l'enfant dans sa supériorité mentale. Sur un ton léger et taquin, Maman riposte : "Mais non, je ne te fais pas mal. C'est toi qui te fais mal en tirant sur tes poignets. Tu n'as qu'à dire la formule magique et hop ! tu seras libéré." Officiellement, on chahute donc toujours, mais à ce stade, dire : "S'il te plaît, Maman" devient un enjeu de pouvoir. La résistance de l'enfant sera proportionnelle au pouvoir qu'on lui avait laissé prendre avant. Le grand thérapeute américain, Milton Erickson, avait prescrit une tâche thérapeutique équivalente à la maman d'un démon de huit ans dont plus un seul adulte n'arrivait à contrôler le comportement. Il lui avait recommandé de s'asseoir sur son fils avec une pile de magazines, des sandwichs et une thermos de café pour patienter aussi longtemps qu'il faudrait et de ne libérer son fils que lorsqu'il aurait présenté des excuses et promis de bien se comporter à l'avenir. Ainsi fut-il fait et après une journée entière de rodéo, l'enfant redevint définitivement un garçon charmant. Il n'avait cherché les adultes que pour les trouver. Mais revenons à notre petit, maintenu par les poignets, qui se débat et hurle de rage. La mère doit tenir bon. Lorsque l'enfant pliera et prononcera la formule magique, peut-être en hoquetant entre deux sanglots, Maman pourra le lâcher. Si l'enfant une fois libre, nargue sa mère: "J'ai dit: "s'il te plaît", mais c'était même pas vrai, nananère!", il faut organiser un deuxième tour. Faussement outrée et toujours officiellement chahutante, Maman immobilise à nouveau son petit. S'il est dans les parages, prévenez le papa avant l'exercice pour qu'il n'intervienne pas. À l'issue de ce travail, on a bien chahuté en apparence, mais le message est passé: "Maman est forte, physiquement et mentalement. Elle peut me protéger."

Les retours que j'ai eu des mères ayant pratiqué cette manœuvre sont très positifs. Les enfants se sont très vite apaisés et sont redevenus faciles à vivre et sereins dans leur vie quotidienne. Une maman m'a même raconté que son ex-petite diablesse, métamorphosée en angelot, revenait régulièrement se blottir contre sa poitrine. Elle croisait les bras, tendait ses poignets pour que sa mère les immobilise et demandait avec admiration: "Maman, remontre-moi comment t'es forte!"

Guides de vie de vos enfants, pleins de force physique et morale, capables de démontrer votre sagesse et votre expérience de la vie, vous voici maintenant bien préparés à l'ascension du prochain sommet: le langage de fermeté.

Chapitre 3

Le langage de fermeté

B eaucoup de parents ne savent plus quelles limites poser à leurs enfants et encore moins comment le faire. Ils perçoivent intuitivement qu'il faudrait parfois être plus ferme, mais culpabilisent et se sentent en échec dès qu'ils ont haussé le ton. Victimes du mythe du parent parfait et de l'harmonie familiale perpétuelle, ils ne réalisent pas que les enfants ont aussi besoin qu'on sache à leur place jusqu'où ils peuvent aller.

L'utilité des limites

Pourquoi les enfants cherchent-ils les limites ?

Les enfants cherchent les limites parce qu'elles les sécurisent, les structurent et les aident à construire leur identité. Elles les entourent comme une clôture psychologique qui définit leur territoire et fixe des repères. L'angoisse, l'insécurité viennent souvent d'un manque de connaissance de ses propres limites donc de son identité. C'est exactement la même impression qu'on peut avoir, si on se trouve en plein désert, au milieu des dunes, sans le moindre palmier ou oasis pour se repérer.

D'autre part, c'est grâce à un entraînement intensif à la discipline qu'on peut devenir autodiscipliné. Certains gestes et réflexes, comme passer un coup d'éponge sur la table ou se brosser les dents, ne deviendront automatisés qu'après un certain nombre d'années de cadrage.

Enfin, plus important encore, une bonne gestion du sentiment de frustration évite le recours à la violence. Car la violence est une explosion de rage (à ne pas confondre avec la colère), c'est-à-dire de la frustration non acceptée. Une personne violente est quelqu'un qui n'a pas intégré ou admis le fait qu'elle n'était pas toute-puissante sur les événements extérieurs et qu'elle ne pouvait pas "faire rien que ce qu'elle veut, na !"

L'illusion de toute-puissance enfantine

Les bébés naissent avec une illusion de toute-puissance. Ils croient que l'univers entier gravite autour de leur joli nombril. Il suffit qu'ils expriment leur inconfort ou leur mécontentement et aussitôt, la couche est changée, le biberon arrive ou des bras se présentent pour les bercer. Les bébés croient donc être des petits dieux ayant le contrôle du monde. Tôt ou tard, brutalement ou progressivement, ils seront confrontés à la réalité et devront perdre cette illusion de toute-puissance. Et mieux vaut tôt et progressivement que tard et brutalement. La perte de cette illusion est douloureuse pour tout le monde. Toute notre vie, nous gardons en nous la nostalgie de cette illusion de toute-puissance et nous cherchons tous à retrouver ce sentiment d'être tout-puissant. À chaque fois que la vie nous démontre nos limites, nous éprouvons la souffrance de nous voir rappeler que nous ne sommes plus des dieux. Cette terrible souffrance s'appelle "la frustration".

Plus un parent essaie d'être un bon parent, aimant et disponible, plus il détestera devoir cadrer. Mais plus il essayera d'éviter d'avoir à frustrer son enfant, plus il le laissera dans cette illusion de toute-puissance. Comme cette toute-puissance n'est justement qu'une illusion, la vie deviendra de plus en plus difficile pour tout le monde. Pendant que le parent s'enfoncera dans la culpabilité de ne pas arriver à maintenir un climat "parfait" de douceur, de patience et de sérénité, l'enfant lui, deviendra autoritaire, sans gêne et capricieux. Or, c'est dès l'enfance que doit s'apprendre la gestion de la frustration. Les gens qui savent gérer la frustration deviennent matures, sociables, capables de patience et d'endurance. Ils peuvent atteindre des objectifs à bénéfices non immédiats, c'est-à-dire les objectifs à long terme: faire des études, des économies, un régime. Ceux qui ne savent pas gérer la frustration deviennent impulsifs, rageurs, voire violents, parce qu'ils croient que c'est la réalité qui doit s'ajuster à leur rêve et non eux qui doivent ajuster leurs rêves à la réalité.

Gérer la frustration

Comment s'apprend la gestion de la frustration ? Elle s'apprend par le non, par les limites, par le "pas maintenant". Les enfants d'aujourd'hui n'ont plus assez de limites. D'un côté, ils sont terriblement sollicités par la mode, par la publicité, par la société de consommation dès qu'ils ouvrent un magazine, dès qu'ils allument la télé ou dès qu'ils discutent avec les copains, de l'autre, il y a des parents de plus en plus culpabilisés de devoir refuser. C'est d'autant plus difficile, mais d'autant plus urgent de leur dire non et de leur apprendre à résister à la tentation. Alors, frustrez vos enfants sans complexe ! Cela fait d'ailleurs partie du rôle de parent. La fonction parentale a deux aspects. L'un est gratifiant. C'est le côté "papa-maman", les bisous, câlins, histoires et réconfort. L'autre l'est nettement moins. C'est le côté "père-mère", celui qui frustre, interdit et punit. Un enfant a besoin des limites ; il les cherchera donc jusqu'à les trouver. Alors autant qu'il les rencontre avant de se retrouver dans le bureau d'un juge pour enfant. Cela arrive malheureusement de plus en plus souvent. C'est votre devoir de l'endurcir face à la frustration et de lui apprendre à encaisser les "non", les refus, les retards pour qu'il apprenne la patience et l'endurance.

Alors, dites "non", dites "stop", dites "pas maintenant" et dites même : "Oui, je t'avais promis mais j'ai changé d'avis", sans complexer. Beaucoup des promesses que nous faisons à nos enfants nous sont extorquées par eux à des moments où ils captent notre inattention. On a dit : "Bien sûr, mon poussin" distraitement et si on ne s'autorise pas à changer d'avis, on se fait avoir. Plus on s'autorise à changer d'avis, moins on est manipulable. Des promesses verbales non tenues, ils en rencontreront toute leur vie. Non seulement il faut qu'ils apprennent qu'on ne manipule pas les adultes comme des marionnettes mais, de plus, il faut qu'ils apprennent à être méfiants et à vérifier la valeur de l'engagement. Si nous, parents, sommes fiables à 100 % avec eux, ils vont rester naïfs et potentiellement manipulables eux-mêmes.

Obligez-les à faire face à leurs responsabilités. Apprenez-leur que la vie n'est pas un parc d'attractions perpétuel où l'on s'amuse du matin au soir. Nous avons tous des droits, des libertés, mais aussi des devoirs et des obligations, quel que soit notre âge. Vous pouvez tout à fait être un parent à l'écoute, attentif, protecteur, mais ne laissez pas vos enfants se placer en martyr quand il s'agit de leurs obligations. Mettre la table ou vider le lave-vaisselle ne sont pas des "corvées harassantes". Étudier au collège n'est pas un "calvaire épouvantable". Tous les élèves du même âge ont des professeurs exigeants et des leçons à étudier. C'est même plutôt une sacrée chance de vivre dans un pays où il existe une si bonne scolarisation. Ne plaignez pas vos enfants quand ils sont face à leurs devoirs, obligez-les à remplir leurs engagements et à assumer la responsabilité de leurs actes. Être capable de faire face à ses responsabilités donne à terme un sentiment d'autonomie et une bonne base à l'estime de soi. Inversement, pouvoir les fuir en toute impunité empêche de développer de l'estime pour soi-même et de devenir mature.

Couchez vos enfants de bonne heure pour qu'ils aient leur compte de sommeil et vous, enfin, une paix bien méritée pour la soirée. Après l'heure du coucher, s'il y a des rappels, soyez disponible pour d'éventuels besoins physiologiques, mais ne soyez plus chaleureux ni sympathique du tout. Même les plus grands seront mieux dans leur lit avec un bon livre que dans le salon à vous imposer leur programme de télévision ou leurs jeux vidéo. Le salon familial doit redevenir le vôtre et exclusivement le vôtre dès 21h, surtout en période scolaire. Hum, que de bonnes soirées enfin reposantes en perspective !

Tout ce travail de cadrage des enfants demande de l'énergie au départ, mais porte ses fruits à long terme. Il faut être vigilant, rappeler à l'ordre, insister pour qu'ils viennent mettre la table, pour qu'ils se lavent les dents… C'est plus facile à faire lorsqu'on ne culpabilise pas. Quand on est sûr de la justesse de sa demande, plus besoin de crier et de menacer. Le ton est ferme, calme et efficace. Les enfants sentent d'instinct la détermination. Bien sûr, ils râlent quand même, c'est normal, mais ils s'exécutent. Et quand bien même vous devriez crier, ne culpabilisez plus. Montrez des émotions. Trompez-vous. Autorisez-vous à être un être humain, parfait dans son imperfection!

La difficulté à poser ses limites

Mais poser ses limites n'est pas si simple. Souvent, les parents hésitent, doutent, culpabilisent, s'excusent, se justifient ou reculent dès qu'ils ont failli remporter une victoire. Bref, ils pataugent et leur pataugeoire contient souvent les mêmes ingrédients.

Les mécanismes qui empêchent de poser ses limites

1. **La confusion entre l'amour et le maternage.** Le maternage est la première forme d'amour que nous avons reçue et nous en gardons un souvenir nostalgique. Nous croyons donner l'amour le plus inconditionnel en maternant et pourtant, au-delà de huit ans, le maternage devient un poison car il

infantilise au lieu d'autonomiser. Apprenez à dire : "Je t'aime ET tu vas beurrer ta tartine toi-même !"

2. Le conflit de valeurs. D'un côté, votre enfant a largement l'âge d'apprendre la patience. De l'autre, vous êtes attendrie par sa capacité enfantine (qu'il perdra bien assez tôt) à être tout fébrile dans l'enthousiasme du moment. Finalement, vous vous en voudrez sûrement plus d'avoir cédé trop vite à sa demande que de l'avoir cadré à attendre patiemment. Alors, sachez trier les priorités : laquelle des deux valeurs en conflit est la plus importante pour vous ? N'est-elle pas une gentillesse à court terme qui va le handicaper à long terme ?

3. La culpabilité et le manque d'égoïsme (c'est-à-dire de respect et d'écoute de soi). Véritable fléau parental dont nous avons longuement parlé au premier chapitre, la culpabilité touche paradoxalement essentiellement les "bons" parents et les entrave dans leur tâche. Elle aggrave donc les choses au lieu de les améliorer. Renoncez une fois pour toutes à être parfait et détendez-vous : au pire, la psychothérapie devenant de plus en plus opérationnelle, vos enfants auront, une fois adultes, des outils performants pour guérir de leurs traumatismes éventuels. En attendant, votre non-culpabilité fera des vacances à tout le monde.

4. L'écho avec vos souffrances d'enfant. Vous détestiez les épinards et les chaussettes écossaises. C'est pourquoi, vous le laissez se comporter en despote tyrannique sur son habillement et sur la composition des repas. C'est une revanche sur votre ex-triste sort. Mais que d'heures passées à négocier la solution que vous n'osez pas imposer. Retrouvez votre objectivité d'adulte.

5. Le regard et l'avis des autres. Combien de parents changent de comportement dès qu'il y a un public ? Il suffit d'observer la scène dans les files de supermarché pour repérer ceux qui sont sensibles au regard extérieur. Enfant hurlant et parent rouge de confusion faisant des sourires d'excuse alentours. Allons, détendez-vous. Ceux qui pourraient vous juger sévèrement sont ceux qui n'ont pas eu d'enfant ou qui ont déjà tout oublié. Leur avis n'a donc qu'une valeur très relative.

6. Le manque de légitimité. Dès que Papa hausse la voix, Maman intervient : "Mais laisse-le donc !" Et réciproquement. Ou bien, c'est Grand-Maman ou Tata qui s'y met et qui prend la défense du pauvre chérubin agressé. Quelquefois, c'est systématisé : dès qu'un adulte essaie de poser une limite au petit chéri, un autre intervient pour le disqualifier. Certains parents peu impliqués dans la vie scolaire ne se déplaceront auprès de l'enseignant que pour discuter du bien fondé d'une punition, à leur avis forcément injuste, et disqualifieront ainsi l'autorité de l'enseignant, lui compliquant la tâche pour toute l'année scolaire. Les enfants gagnent de ce climat une redoutable impunité.

7. L'envie d'avoir le beau rôle. La fonction de parent a deux aspects. Le côté "papa-maman" très gratifiant et le côté "père-mère" qui l'est évidemment nettement moins. Il arrive qu'un des parents veuille se garder le beau rôle, être le gentil et laisser à l'autre parent, le vilain boulot de gronder, dire non et de passer pour le méchant. Mais l'enfant à besoin des quatre aspects parentaux. Il a autant besoin d'une maman et d'un papa que d'une mère et d'un père. La gentillesse à court terme peut devenir de la cruauté à long terme et inversement. Du reste, les enfants ne s'y trompent pas et font très nettement la distinction entre cette gentillesse à court terme qu'ils savent être le plus souvent de la faiblesse et l'amour à long terme qui inclut la fermeté à bon escient.

Définissez vos propres limites
Pour sortir de la pataugeoire, il vous faut repérer lequel des mécanismes énumérés ci-dessus vous paralyse et vous fait douter du bien fondé de la limite que vous auriez à poser. Définissez très clairement ce qui est acceptable pour vous et ce qui

ne l'est pas. Outre votre sensibilité personnelle qu'il vous faut respecter pour être authentique dans votre discours, voici quelques pistes pour faire le tri.

Ce qui doit être et rester inacceptable pour soi et pour autrui :
– l'atteinte à l'intégrité physique ou morale,
– la transgression des lois,
– le non-respect des règles élémentaires de sécurité (c'est-à-dire la mise en danger),
– le manque de respect de soi, des humains et de leur sens du sacré en général,
– le manque de soin, d'hygiène et l'atteinte à la santé,
– le non-respect des règles de la vie commune,
 et enfin et surtout, l'entretien et l'alimentation du fantasme de toute puissance de l'enfant : (Maman, Papa 100 % disponibles, désirs 100 % satisfaits)

Ce qui doit rester acceptable :
– la vulnérabilité (l'incapacité à se protéger et la difficulté à gérer ses émotions),
– l'imperfection (le droit à la lenteur, à la maladresse, aux erreurs et aux progrès),
– la dépendance (avec des besoins à satisfaire, des désirs à cadrer et un cheminement vers l'autonomie à enclencher vers sept ans et à atteindre vers vingt et un ans au plus tard !),

– l'immaturité tant qu'elle reste en rapport avec son
âge.
Bref, les caractéristiques naturelles des enfants.

Comment poser les limites?
Ce qu'il ne faut pas faire
Certaines attitudes et façons de procéder, très
répandues dans les familles, compliquent inutilement la tâche des parents. Voici les principales.

Saper l'autorité de son conjoint
Il n'est pas facile de laisser l'autre parent agir à SON
idée avec NOTRE enfant.

Quand Papa hausse le ton, il y a, à l'intérieur de
Maman, une petite fille qui déteste entendre gronder les papas et qui se crispe et se recroqueville.
C'est pourquoi Maman intervient viscéralement
pour que ça s'arrête. "Mais fiche-lui donc la paix!
Ce n'est pas si important! Tu fais bien des histoires pour rien." La petite fille intérieure est rassurée.
Aujourd'hui, elle a le pouvoir de faire taire les papas
qui crient.

Quand Maman hausse le ton, il y a, à l'intérieur
de Papa, un petit garçon qui déteste entendre gronder les mamans et qui se crispe et se recroqueville.
C'est pourquoi Papa intervient viscéralement pour
que ça s'arrête. "Mais fiche-lui donc la paix! Ce
n'est pas si important! Tu fais bien des histoires
pour rien." Le petit garçon intérieur est rassuré.

Aujourd'hui, il a le pouvoir de faire taire les mamans qui crient.

Quelquefois, c'est systématisé. Dès que l'un pose une limite, l'autre intervient pour la disqualifier. Mais, le prix à payer pour rassurer les enfants intérieurs des parents est bien lourd : quand un parent est discrédité dans son autorité, c'est l'enfant actuel qui y gagne, outre une totale impunité, le redoutable pouvoir de faire se disputer ses parents.

Les zones d'acceptable et d'inacceptable que je vous ai invité à clarifier restent malgré tout fluctuantes. Elles sont variables en fonction des circonstances et de l'état émotionnel du moment. Le jour où vous êtes fatigué, stressé ou énervé, votre zone d'inacceptable a toutes les chances d'avoir augmenté, au détriment de votre bonhomie habituelle. Inversement, une bonne nouvelle peut vous rendre brusquement très tolérant aux contrariétés. D'autre part, chacun a les siennes. Ce qui est acceptable pour moi peut être tout à fait inacceptable pour quelqu'un d'autre et réciproquement. C'est pourquoi l'idée que les parents doivent faire front commun en toutes circonstances est intenable car l'enfant captera intuitivement les différences de points de vue. Mais ce n'est pas une raison pour saper l'autorité de l'autre.

Aujourd'hui, Maman est reposée et de bonne humeur. La trompette dans laquelle Petit Chéri souffle à pleins poumons est surtout pour elle un repère sonore indiquant qu'il n'est pas en train de faire autre chose. Papa, lui, est fatigué et a depuis le matin un fond de migraine. La bonne attitude est que Papa intervienne lui-même pour poser SA limite, sans ingérence de Maman. Et si Petit Chéri vient se plaindre auprès de Maman de la limite que vient de poser Papa, l'idéal est que Maman verbalise la différence d'acceptation sans discuter la validité de la limite posée. "Moi, ta trompette ne me gênait pas. Mais puisque Papa, lui, est dérangé par le bruit, il faut que tu arrêtes." On ne doit jamais obliger une personne à accepter ce qui est inacceptable pour elle. En revanche, si la zone d'inacceptable de l'un des deux parents est trop large et trop rigide au quotidien, les parents peuvent en discuter entre adultes, en dehors de la présence des enfants.

Se justifier et s'excuser de poser une limite

Imaginez que vous vouliez un prêt bancaire et que votre banquier vous le refuse. Suffisamment frustré par son refus, vous n'apprécieriez pas en plus que votre banquier vous fasse pendant des heures un cours sur l'économie, l'inflation, le fonctionnement de la banque centrale, les façons de décider des banques, leurs charges, leurs priorités, etc. Vous vous en moquez bien des raisons pour lesquelles on vous refuse votre prêt. Vous avez bien compris que c'est parce que vous n'êtes pas assez riche aux yeux de votre banquier. C'est votre déception qui vous importe. C'est exactement ce qu'on fait vivre à notre enfant lorsqu'on se croit obligé d'expliquer pendant des heures pourquoi il doit aller au lit maintenant. Il a bien compris que c'est parce qu'il est petit. Notre discours sur le sommeil, la journée du lendemain, le besoin d'être tranquilles des grands, il s'en moque bien. Il arrive trop souvent que les parents se justifient pendant des heures sur les limites qu'ils posent. Ça leur complique bien la tâche, ça leur fait perdre du temps et ça n'aide pas les enfants à comprendre.

Les fausses questions et les devinettes
(Devine où est la limite?)

"Tu as fait tes devoirs?" demande hypocritement le parent qui sait parfaitement que non.

Cette façon de poser de fausses questions est une mise en accusation indirecte, génératrice d'agressivité et de culpabilité. Ne vous étonnez pas qu'elle fasse claquer des portes aux adolescents. Mieux vaut utiliser la formulation d'un ordre calme et ferme que cette fausse question. "Il est 17h30, je te demande de te mettre à tes devoirs maintenant."

D'autre part, avant de punir un enfant d'avoir transgressé une limite, vérifiez que celle-ci ait été verbalisée. Quelquefois, les choses sont tellement évidentes pour nous qu'on en oublie de les préciser à l'autre. Lorsqu'on gronde un enfant d'avoir transgressé une règle qu'il ne connaissait pas, on le met dans une situation très délicate, car il va s'imaginer qu'il aurait dû la deviner tout seul. Si cette situation se reproduit souvent, il risque de développer une attitude de suradaptation permanente à essayer de deviner et de devancer ce que les autres attendent de lui. Plus tard, ce sera très handicapant pour l'affirmation de lui.

Comment faire pour les poser, ces limites ?

80 % du travail consiste à se mettre au clair avec soi-même sur ce qui est acceptable et ce qui est inacceptable et sur les comportements que l'on attend concrètement de ses enfants. Ils ne cherchent les limites que lorsqu'elles sont mal définies. À partir de maintenant, vous pouvez vous dire que si votre enfant vous cherche dans tel ou tel domaine, c'est que vous ne vous êtes pas positionné clairement sur le sujet. Peut-être êtes-vous aux prises avec une des mauvaises raisons de ne pas poser de limites énoncées plus haut. Mettez vos idées en ordre, l'enfant obéira parce que vous aurez retrouvé votre authenticité.

10 % du travail consiste à énoncer la limite en l'exprimant clairement et fermement. Ce qui se fera tout seul si vos idées sont bien rangées. Plus tôt, vous dites les choses, plus c'est facile. Ne laissez pas s'accumuler les malentendus, l'agacement, les petites transgressions-tests.

Enfin, il reste 10 % du travail qui va consister à resignifier régulièrement que la limite est toujours en place. Les parents vivent souvent comme un échec que l'enfant teste à nouveau une limite qu'ils croyaient acquise. Il est normal que l'enfant vérifie régulièrement si la limite est restée la même. Elle peut avoir bougé avec le temps. Et puis, ça lui servira dans sa vie d'adulte d'oser redemander. Peut-être six mois ou un an plus tard, son patron acceptera-t-il de lui accorder l'augmentation de salaire refusée précédemment.

Et les punitions ?

En mettant en application tout ce que je vous propose au fil de ce livre, vous ne devriez pratiquement plus avoir besoin de recourir à la punition. Cependant, tout système de lois doit prévoir ses sanctions pour les cas de transgressions. Et c'est mieux d'y réfléchir à froid, avant ou après la transgression, plutôt que de punir sur le vif, au moment où le climat émotionnel est très chargé. Si le comportement inacceptable vous prend de court, osez dire : "Je suis très mécontent de ton comportement, je vais réfléchir à la sanction que tu mérites." Mais si vous avez vu venir la transgression, vous avez eu le temps d'énoncer la règle, de la rappeler et de menacer une ou deux fois d'une sanction définie. Lorsque l'enfant passe outre, il faut que cette sanction finisse par tomber, sinon c'est tout le système de règles qui sera remis en cause.

À éviter : les vexations et encore plus les humiliations, les sanctions sans rapport avec la faute commise visant juste à les atteindre dans ce qui leur est cher. Ne confisquez pas tel objet fétiche ou ne les privez pas de leur sport favori à toute occasion, sans relation de cause à effet avec leur attitude. Si les punitions sont trop lourdes ou trop longues, elles sont une nouvelle invitation à la transgression. Par exemple, priver un adolescent de son scooter pendant une semaine est une grosse punition pour lui. L'en priver plus d'un mois, c'est l'inciter à sortir son scooter en cachette parce que la durée prévue est interminable pour lui.

C'est pourquoi, je vous invite à choisir des punitions courtes et en rapport avec la "faute" commise.

Exemples :

– Un comportement asocial peut entraîner une mise au coin, un isolement temporaire, la présentation d'excuses circonstanciées ou une manœuvre de réparation du préjudice causé.

– Un manque de respect des horaires doit conduire à une privation momentanée de sorties.

– Les objets cassés impliquent de les réparer ou de les rembourser avec l'argent de poche.

Quant aux châtiments corporels, je suis résolument contre. Ils n'ont aucune vertu éducative. En partant de la tape sur la main à la petite claque sur la fesse, on arrive vite aux fessées et aux gifles. La spirale de la violence et de la maltraitance est enclenchée. Si vous avez la main leste et les cris faciles, faites-vous aider, vous êtes sur une très mauvaise pente.

Et si c'est d'une manière générale dans votre vie que vous avez de la difficulté à vous affirmer et à dire non, je vous invite à lire mon livre *S'affirmer et oser dire non*, dans la même collection. Vous y trouverez un complément d'informations pour consolider votre langage de fermeté.

Chapitre 4

Le langage d'acceptation

Dans le cadre bien défini de votre protection et de votre fermeté peut apparaître le dernier langage, celui de l'acceptation, c'est-à-dire celui de votre amour inconditionnel pour votre enfant.

Tous, petits et grands, nous avons un immense besoin d'attention, de reconnaissance, de prise en compte de notre originalité et de notre importance. C'est une réelle nécessité, pour chacun d'entre nous, que notre entourage nous reconnaisse comme étant un être humain exceptionnel, distinct et différent de tous les autres avec ses compétences personnelles et remarquables. Privés de cette qualité d'attention, nous nous sentons vite ternes, insignifiants et c'est une source de souffrance pour tous. L'attention que nous ne pouvons obtenir par le positif, nous irons la chercher dans le négatif. Les enfants préfèrent se faire gronder plutôt que d'être ignorés. Les adultes aussi. Par exemple, ils organiseront des disputes conjugales pour capter à nouveau l'attention de leur conjoint(e) quand ils se sentent mis de côté. Dans certains cas extrêmes, des gens sont allés jusqu'au meurtre, juste pour exister aux yeux des autres, l'espace de quelques jours en ayant leur nom dans le journal. Car cette attention des autres nous est indispensable pour vivre.

Les mécanismes de la confiance en soi

La confiance en soi comporte trois couches, trois "épaisseurs".

Au centre, l'amour de soi

Plus quelqu'un a de l'amour pour lui-même, plus il va être capable de prendre soin de lui, de ses besoins, de sa santé ou de son apparence. Il sera aussi motivé pour se donner une vie confortable et sera capable de se protéger et de se défendre des agressions extérieures, qu'elles soient physiques ou morales. Les gens qui s'aiment se respectent et se font respecter. Ils n'acceptent ni coups, ni insultes, ni humiliations. Inversement, les gens qui ne s'aiment pas se négligent souvent, ignorent leurs propres besoins, assurent mal leur subsistance, se mettent en danger, subissent sans broncher des conditions de vie inacceptables. Et l'une ou l'autre de ces attitudes est une conséquence directe de celle qu'avaient les parents à leur égard quand ils étaient petits.

Puis, autour, l'image de soi

L'image de soi est la façon subjective dont on se voit soi-même et dont on pense que les autres nous voient. Cela n'a rien à voir avec la réalité. On peut se croire beau, intelligent et drôle ou moche, stupide et ridicule que ce soit objectivement vrai ou pas. Cela dépendra uniquement de l'image que notre entourage éducatif nous aura renvoyée de nous-mêmes. On ne dira jamais assez que le fait d'être beau ou belle comme celui de réussir dans la vie n'est qu'une question d'autorisation parentale. L'anatomie peut rendre photogénique, mais la beauté, elle, n'est qu'une autorisation, lue dans le regard de son père pour la fille et de sa mère pour le fils.

Enfin, en périphérie, la validation de ses réussites

Ce niveau de confiance en soi concerne la capacité à faire, à relever des défis, à surmonter des obstacles et à en sortir grandi et enrichi d'un nouveau savoir-faire. Valider ses propres réussites est indispensable pour renforcer et alimenter la confiance en soi. La confiance en soi n'est jamais définitivement acquise et reste vulnérable même chez les gens qui ont un fort amour pour eux-mêmes. Sans apports extérieurs réguliers, la confiance en soi finit par s'étioler et peut disparaître. Plus une personne est capable de valider ses réussites, plus elle va pouvoir entretenir l'estime d'elle-même. C'est pourquoi la thérapie du manque de confiance en soi commence souvent par la restauration de cette capacité à valider toutes ses réussites, petites ou grandes sans aucun "Oui, mais…"

Chaque couche de confiance en soi alimente les deux autres. Plus je m'aime, plus je vais avoir une image de moi positive et une facilité à valider mes réussites. Plus j'apprends à valider mes réussites, plus je vais positiver l'image de moi-même et pouvoir m'aimer.

Votre rôle de parent est d'installer le système d'irrigation qui va faire verdoyer la confiance en soi de vos enfants et aussi de leur apprendre à le faire fonctionner et fructifier.

Préserver l'amour de soi : le langage d'accueil chaleureux

Imaginez que vous soyez convié à un cocktail. Arrivant en cours de soirée, quel accueil préférez-vous avoir :

1. Les invités prennent un air gêné, agacé ou hostile en vous voyant approcher.

2. Personne ne remarque votre arrivée. Les bavardages et les rires continuent dans les petits groupes déjà constitués.

3. Un "ha !" de satisfaction accompagne votre entrée dans la pièce. Chacun vient vous dire bonsoir et vous remercier d'être venu.

Si vous avez répondu 1, avouez-le, c'est juste pour me taquiner ! Si vous avez répondu 2, vous manquez d'habitude pour gérer les égards et les félicitations. Attention : dans ce cas, en donnez-vous, vous-même, assez à votre entourage ? Le 3 était évidemment la bonne réponse.

De la même façon, nos enfants ont besoin de se sentir accueillis dans nos vies avec enthousiasme.

Bienvenue dans ma vie

Cette attitude globale a pour objectif de montrer à notre enfant qu'il est le bienvenu et qu'il a bien sa place dans notre vie. Cela peut paraître évident en théorie mais en pratique, l'attitude parentale est rarement aussi chaleureuse au quotidien. Bougons, râleurs, indisponibles, les parents n'ont pas souvent un air chaleureux pour accueillir l'arrivée de leur enfant dans une pièce. Lorsqu'un enfant entre dans le salon, il a souvent droit à un "Qu'est-ce que tu veux encore?" agacé ou à un "Tu as déjà fini tes devoirs?" soupçonneux (première possibilité du cocktail) ou à une indifférence ordinaire (deuxième accueil). Les conjoint(e)s ne sont d'ailleurs pas forcément mieux loti(e)s. Vérifiez donc au passage si vous avez le réflexe de vous exclamer : "Quelle joie que tu rentres si tôt!" au lieu de : "Tiens, tu es déjà là?"

Il y a d'abord l'accueil de départ : la naissance de l'enfant, suivie de l'attitude quotidienne par rapport à sa présence. Qu'avez-vous raconté à vos enfants sur les conditions de leur naissance? Comment l'ont-ils reçu? Je reçois en consultation trop de gens culpabilisés d'exister et certains que leur naissance a gâché la vie de leurs parents pour croire encore que la majorité des parents sache faire preuve de tact et d'humanité en la matière. Au lieu de dire : "Notre troisième? Non, il n'était pas désiré. C'est un accident!" dites plutôt : "Notre troisième? Non, il n'était pas programmé. C'était une surprise! Et quelle bonne surprise!" D'une manière générale, un enfant n'a pas demandé à naître, ce sont ses parents qui sont responsables de sa naissance.

La venue d'un enfant est un merveilleux cadeau dans la vie d'une famille et les années tendres passent très vite, trop vite, nous le savons tous. Pourtant, beaucoup de parents râlent quotidiennement sans même s'en rendre compte. Ils se plaignent que leur enfant les fatigue, leur coûte cher ou leur complique la vie. On aime bien râler, se plaindre, se dire qu'on a bien de la peine. Ça soulage momentanément, mais on ne réalise pas l'impact de ces complaintes sur nos enfants. En entendant ces lamentations, ils se recroquevillent, culpabilisent et se sentent encombrants dans la vie de leurs parents. C'est une évidence que vous aimez votre enfant et qu'il est le bienvenu dans votre vie, n'est-ce pas? Mais, à tout hasard, vérifiez cependant que lui-même en est certain. Vous risquez d'être surpris.

Bienvenue dans le système

La sensation d'être bienvenu et d'avoir sa place dans un système est très sécurisante. L'enfant a besoin de se sentir l'élément d'un tout et de se sentir à sa place: une famille est un système, une microsociété, tout comme l'école. C'est à partir de cette sensation d'appartenance à son milieu que va se développer l'amour inconditionnel de soi qui est la racine profonde de la confiance en soi.

L'enfant doit pouvoir se sentir accueilli, adopté, aimé, utile et à sa place. Il doit avoir le droit d'être lui-même, d'être une fille ou d'être un garçon même si cela ne correspond pas aux attentes initiales de ses parents et d'avoir l'âge qu'il a. Certains enfants, surtout les aînés sont poussés à grandir trop vite, d'autres, surtout les petits derniers, sont invités inconsciemment à rester petits le plus longtemps possible. Dans ces deux extrêmes, les enfants ne peuvent plus se sentir appartenir à leur tranche d'âge et se sentir acceptés dans ce qu'ils sont. S'ils ne savent pas encore faire leurs lacets ou s'ils savent déjà lire à leur entrée en école primaire, les enfants sont marginalisés par leur différence. Il y a des acquis spécifiques qui permettent de se sentir en synchronisation avec sa tranche d'âge. Être le bienvenu et être reconnu comme étant un pair, un semblable, aussi bien dans le bac à sable que lors du collège, est primordial pour la socialisation.

Enfin, pour combler son besoin d'être utile, l'enfant doit se sentir inclus dans le fonctionnement du foyer. Donnez-lui très tôt une participation aux tâches ménagères, même si elle doit être plutôt symbolique au début. Passer l'éponge sur la table après le repas ou donner un verre d'eau à chaque plante de la maison sont autant de petites choses qui lui donnent le sentiment de pouvoir donner, lui aussi. J'ai pris conscience de l'importance de ce concept lors d'un incident anecdotique en apparence.

Comme beaucoup de mamans, j'ai longtemps confondu amour et maternage et maternage avec ménage. Donc, j'assumais toutes les corvées ménagères, légère et dynamique, en ne râlant presque pas, tellement fière et ravie d'assurer une logistique haut de gamme, digne de celle d'un palace, à mes petits princes. Jusqu'au jour où, complètement bloquée par un lumbago (je devais quand même en avoir "plein le dos" d'en faire trop!), je dus rester alitée et me faire totalement assister par mes enfants. "Passe-moi mes lunettes", "Peux-tu me donner un verre d'eau?", "Apporte-moi le téléphone". Les "S'il te plaît" et les "Je te remercie" s'enchaînaient à un bon rythme. Au fil de la journée, j'ai vu mon petit garçon se transfigurer. Cela a commencé par un air fier et heureux accompagné d'une exclamation: "J'aime bien quand tu es malade, Maman. Au moins je me sens utile!" et la journée s'est terminée avec un bambin au visage rayonnant et sa conclusion enthousiaste: "J'espère que tu seras très souvent malade!"

Cela m'a beaucoup interpellée. Mon désir d'être une mère irréprochablement donnante était nuisible à l'estime de soi de mon fils. Une fois rétablie, je suis restée très vigilante à lui laisser l'espace d'être utile et de pouvoir donner lui aussi, à sa mesure. Mmm, les bons petits cafés instantanés qu'il me prépare au micro-onde !

Ainsi, peu à peu, les années passant, il faut responsabiliser les enfants et leur participation aux tâches quotidiennes doit être de plus en plus importante. L'argument des devoirs scolaires qui mangent tout leur temps libre et les empêchent de donner un coup de main ne tient pas. Lorsqu'ils seront adultes, les tâches quotidiennes viendront aussi s'additionner à leurs heures de travail. C'est notre devoir de parent de leur apprendre à cuisiner, laver le linge, faire le ménage et tenir leurs comptes pour qu'ils deviennent agiles et autonomes avec ces données à l'âge adulte. D'autre part, tous les métiers, quels qu'ils soient, sont utiles à la collectivité. Il n'existe pas de métier qui ne soit pas un service rendu à la société, ne serait-ce que par les cotisations qu'il engrange. Le chômage est d'ailleurs vécu comme une perte de cette utilité à la société et c'est ce qui le rend le plus dévalorisant. C'est pourquoi il s'agit aussi, au-delà de la découverte du plaisir de faire plaisir, de leur apprendre que chacun a sa place et son rôle à jouer dans une collectivité.

Construire l'image de soi : le regard, lumière de la considération

Au-delà de l'amour inconditionnel de soi que transmet à l'enfant l'inclusion dans son système familial et social, un regard parental positif renverra à l'enfant une image positive de lui-même. Cette image positive sera la deuxième "couche" de confiance en lui. Le regard des autres posé sur soi fait partie des besoins vitaux des êtres humains. Les SDF disent que c'est ce qui leur manque le plus : un regard franc, plein d'estime et d'attention leur accordant encore le statut d'être humain. Les enfants aussi ont besoin de ce regard et tant qu'à faire, d'un regard bienveillant et émerveillé. Comme si les yeux de leurs parents étaient des spots leur fournissant toute la lumière utile à leur croissance. Vous les avez déjà entendus piailler : "Maman, regarde ! Maman, Maman, regarde-moi ! Regarde ce que je sais faire ! Mais, Maman, REGARDE !" et souvent à ce moment-là, ils ne font rien d'extraordinaire, mais ce cri lancinant "Maman, regarde-moi !" veut dire : "J'ai un BESOIN VITAL de ton regard posé sur moi pour me sentir exister."

Alors, ça vaut la peine de tout laisser en plan, de se rendre disponible et de leur offrir ce regard lumineux. "Oui, mon chéri, montre-moi, je te regarde !" Si le regard est chaleureux, ça ne durera pas bien longtemps, ils repartiront jouer, les batteries rechargées à bloc.

Si vous croyez votre enfant beau, intelligent, débrouillard, sociable…, il le croira aussi et le deviendra. Inversement, s'il vous entend lui dire directement ou indirectement qu'il est stupide, méchant, timide ou difficile, il le deviendra également. Car toute leur vie, les enfants se comportent exactement selon les attentes, souvent inconscientes, de leurs parents. C'est quelquefois difficile à croire, mais dès qu'on les étudie de près, on se rend compte que sur des années, les comportements des enfants restent conformes aux injonctions initiales des parents. Alors, dans votre regard, allumez la lumière de l'admiration et donnez à vos enfants toutes les permissions : d'être beaux, intelligents, débrouillards, sociables, doués et promis à un bel avenir !

Valider ses réussites : l'encouragement à relever des défis

Chez tous les performeurs, quel que soit leur domaine de performance, on remarque les mêmes constantes :
– une survalorisation des premiers essais,
– un entraîneur passionné par son poulain et enthousiasmé par les résultats.

A priori, si Mozart est devenu le grand compositeur que l'on sait, c'est parce qu'on s'est pâmé dès sa première gamme et qu'il a été hautement soutenu par un père très présent et musicalement compétent. Surya Bonnaly, la championne de patinage artistique doit sa réussite, au-delà de son talent personnel, à un entraînement intensif de sa mère qui en avait les compétences gymniques et à sa présence morale permanente, même si celle-ci a été très décriée dans les milieux sportifs. En amont de l'excellent management de son producteur et mari, René, Céline Dion avait déjà un public chaleureux et conquis lorsqu'à cinq ans, elle poussait la chansonnette debout sur la table familiale. Elle bénéficiait également de la bénédiction de sa mère pour embrasser une carrière de chanteuse.

Donc, vous savez ce qu'il vous reste à faire pour faire de vos enfants des petits Mozart : survalorisation de leurs premiers essais et coaching intensif mais enthousiaste !

Dans ce besoin du regard dont je parlais plus haut est contenu le besoin d'être reconnu compétent. S'il dit de plus en plus souvent : "Maman, regarde ce que je sais faire" ou "Laisse-moi, c'est moi qui fais tout seul !", c'est le moment de commencer à valider ses réussites.

Toute notre vie, nous aurons besoin de nous réaliser, de nous surpasser, de créer, de déployer toutes nos facultés, de relever des défis. Les enfants aussi et très tôt. Offrez-leur des défis à leur portée et encensez leurs résultats. Si on met tout de suite la barre à cinq mètres, ça dégoûte du saut à la perche. En revanche, si les choses sont faciles, ludiques et les résultats gratifiants, la motivation et les progrès suivent automatiquement. La confiance en ses capacités se développe et se renforce. Cela fait une boule de neige positive. Inversement, la critique décourage et fait baisser les performances.

À l'âge de l'apprentissage de la marche, le système éducatif à base de félicitations et d'encouragements est une évidence. Chaque pas du bébé est encouragé, validé, encensé. Les chutes, les erreurs sont relativisées et consolées. Aucun bébé ne pourrait marcher si les mères disaient : "Quel idiot tu es ! Regarde comment tu mets tes pieds, ils sont tout de travers ! Et pan, encore par terre ! Mais quel empoté !" Ce discours, d'ailleurs, choquerait l'entourage.

Pourtant, très tôt, toujours trop tôt, l'éducation finit par remplacer la méthode des encouragements par celle des critiques et des dévalorisations décourageantes. Les parents disent souvent avoir peur que trop de compliments rendent leurs enfants paresseux et prétentieux. C'est faux et illogique. Dans cet ordre d'esprit, il ne faudrait jamais dire à un cuisinier que son repas était délicieux, ni applaudir un chanteur. D'ailleurs si vous prenez la peine d'écouter et d'observer attentivement les gens, vous remarquerez que les personnes qui ont confiance en elles ont la compétence modeste et objective, alors que les vantards sont souvent très conscients de leurs insuffisances et cherchent surtout à se rassurer eux-mêmes. Alors, ne demandez pas à vos enfants d'être parfaits dès le premier essai. Ne soyez pas critiques et dévalorisants, vous en feriez, à vie, des perfectionnistes insatisfaits et malheureux. La critique ne sera constructive que si elle donne la part belle aux félicitations et si elle ne met l'accent que sur ce qui peut être amélioré et surtout sur le "comment" améliorer.

Apprenez-lui à puiser
dans ses propres ressources

Pour qu'ils puissent apprendre à valider euxmêmes leurs performances et devenir autonomes, il faut leur faire développer des références internes. "Et toi, comment tu le trouves, ton dessin?" ou "À ton avis, quelle note va obtenir ton devoir de français?" et apprenez-leur à pratiquer la critique constructive. "Mais non, il n'est pas moche, ton dessin. Qu'est-ce qui peut être mieux fait une prochaine fois? Comment? Et qu'est-ce qui est déjà bien réussi?" ou "Tu ne peux pas avoir TOUT raté en contrôle. Il y a sûrement des points sur lesquels tu as pu te débrouiller. De quoi n'es-tu pas content? Comment pourrais-tu faire pour que ce soit mieux au prochain contrôle?"

Évitez de donner des conseils. Apprenez-leur à chercher et à élaborer leurs solutions avec leurs propres ressources. La phrase-clé est: "Quelles solutions vois-tu à ton problème?" et "solutions" doit systématiquement être au pluriel pour leur apprendre à se donner des choix de comportement. Les gens qui croient avoir trouvé LA SEULE solution

deviennent rigides et se ferment à d'autres possibilités. Les gens ouverts à la pluralité des solutions
restent souples et s'adaptent mieux aux situations.
Donc la consigne est : un choix, pas de choix ; deux
choix, alternative illusoire ; c'est au troisième choix
que s'ouvre l'horizon. Puis vous pouvez les aider à
explorer leurs solutions et à faire leur choix de comportement. "Oui, effectivement, tu pourrais repar-
ler de cela avec Quentin", "Comment crois-tu qu'il
te répondra ?", "Et s'il ne te donne pas la réponse
que tu espères, qu'est-ce que tu pourras faire à la
place ?" etc.

Enfin, pour être sûr que votre langage est un
langage d'acceptation inconditionnel, faites bien la
distinction entre la personne et ses comportements.
Éric Berne, le père fondateur de l'Analyse transac-
tionnelle disait : "Dans tout crapaud sommeille un
prince. Il n'y a pas besoin de tuer le crapaud, il suffit de réveiller le prince." Les enfants, tous les
enfants, sont des petits princes et ils doivent savoir
qu'on le sait. Pour autant, il n'est pas question
d'accepter des comportements de crapaud, d'autant
plus que personne n'est dupe : on sait qu'ils ne sont
pas des crapauds !

Verbalement, cela peut prendre cette forme : "Je
t'interdis de mordre les autres enfants à l'école. La
violence est illégale, dangereuse et stupide parce
qu'elle ne résout rien. Il y a d'autres moyens de
régler ses problèmes. Et comme je sais que tu es un

garçon gentil et intelligent, je suis sûr que tu vas en trouver. Veux-tu qu'on cherche ensemble?"

Avec ce langage d'acceptation inconditionnel ajouté à la protection et à la fermeté, votre enfant dispose de toutes les formes de langages utiles à sa croissance et vous garantissant à long terme, une communication de haute qualité. Il ne vous reste plus qu'à apprendre le langage de l'écoute pour avoir un retour d'information permanent sur votre pratique. Ce retour d'information est indispensable pour pouvoir ajuster votre attitude au quotidien et alimenter ainsi tous les autres aspects de votre communication.

Apprendre à écouter, enfin!

Lors de mes conférences, je fais souvent un sondage en posant cette question: "Quels sont ceux d'entre vous, qui se sont senti écoutés et compris par leurs parents lorsqu'ils étaient enfants et adolescents? Levez la main, s'il vous plaît."

Sur un public d'une centaine de personnes, quelquefois, je vois se lever deux ou trois mains hésitantes, mais la plupart du temps, aucune main ne se lève. C'est une bien triste réalité. Personne ne s'est vraiment senti accueilli et accepté par sa famille dans ce qu'il avait à dire. Et cela continue à l'âge adulte, car chacun d'entre nous connaît bien au quotidien la frustration de ne pas se sentir entendu et compris dans ce qu'il vit et surtout lorsqu'il traverse des difficultés. Inversement, si vous prenez une centaine de personnes et que vous leur demandez si elles savent écouter, la plupart d'entre elles vous affirmeront sincèrement que oui, elles, elles écoutent très bien, mais pas les autres. D'où vient ce paradoxe?

Il vient tout simplement du fait que, depuis notre enfance, nous avons surtout appris à "décommuniquer" en croyant apprendre à communiquer! Cela a commencé très tôt. Un exemple: j'ai cinq ans et je viens de tomber. Mes genoux et mes paumes de mains cuisent cruellement. Je pleure et je dis: "Maman, j'ai mal". Comme je ne saigne pas, Maman répond: "Mais non, tu n'as rien!" Le message qu'elle me fait passer est le suivant: "Pour consoler quelqu'un, il suffit de nier sa souffrance." Combien de fois, de cette façon ou d'une autre, notre vécu d'enfant, si important pour nous, a-t-il rencontré ce déni de notre souffrance, une oreille distraite ou amusée, des leçons de morale ou pire, la sensation d'une salissure, comme, par exemple, des rires gras ou des réflexions déplacées sur notre premier grand amour en maternelle. Nous avons observé puis copié la façon de faire de nos aînés en croyant apprendre les "bonnes" règles de la communication alors que nos aînés eux-mêmes souffraient en silence d'un terrible manque d'écoute, de partage et d'empathie. C'est malheureusement ce qu'ils nous ont transmis.

C'est pourquoi, lorsque quelqu'un parle, la tendance la plus spontanément répandue est d'intervenir rapidement dans son discours, bref de lui couper la parole, voire de lui "clouer le bec". L'intervention dans le discours de l'autre sera encore plus fulgurante si ce que dit notre interlocuteur nous touche ou nous choque. Ce blocage de l'écoute se manifeste lorsque nous ne voulons surtout pas entendre des choses qui dérangeraient notre confort moral. Par exemple, que cette personne souffre ou qu'elle a un problème avec nous ou encore qu'elle a une logique et des idées qui ne sont pas les nôtres et qui remettraient en cause ce que nous tenons pour vrai. Bref, pour notre tranquillité personnelle, il faut l'empêcher d'exprimer ce qui nous dérange et tous les moyens seront bons pour la dégoûter de parler. Porter sur elle des jugements de valeur dévalorisants : "Quelle idée, aussi, tu as eu de…", minimiser ses difficultés : "Ce n'est pas si grave, il y a des cas pires que le tien !", la saouler de conseils personnels ou lui dicter des solutions : "T'as qu'à…, Y'a qu'à… Faut qu'tu…". Bref, tout ce que nous détestons entendre lorsque nous avons nous-mêmes besoin d'être écoutés.

Avec nos enfants, c'est la même chose. En pire ! Parce que, comme je vous l'ai dit dans l'introduction, les enfants ont le redoutable pouvoir de communiquer de l'enfant qu'ils sont avec l'adulte que nous sommes, tout en communiquant parallèlement, de manière silencieuse et inconsciente, de l'enfant qu'ils sont avec l'enfant que nous étions au même âge. Ce qui génère parfois chez nous, les adultes, de fortes réactions émotionnelles. C'est important d'en être prévenu et d'accepter d'avance que ce que dira notre enfant peut à tout moment entrer en intense résonance avec un passé douloureux. Si c'est le cas, c'est peut-être le moment de faire face à cette enfance et de guérir de ses vieilles blessures, au lieu de faire taire notre enfant pour retrouver le silence intérieur…

Parler, ce n'est pas uniquement donner de l'information à l'autre. C'est exprimer le besoin de se dire, de mettre des mots sur son ressenti. Tout sentiment exprimé s'apaise. Si j'ai pu dire comme j'en ai marre, combien je suis triste ou à quel point je suis déçue et si quelqu'un a su accueillir ce ressenti sans le dénaturer ou le détourner et sans se sentir jugé ou culpabilisé par ce que je dis, je vais me sentir immédiatement soulagée.

Lorsque l'autre parle, on peut avoir différentes réactions à son discours. On peut, entre autres, disqualifier ce discours, le subir, le récupérer pour monologuer, le recevoir ou l'amplifier.

Par exemple, votre fille vous dit : "C'est nul, l'école !" Votre réaction peut être :
– de disqualifier ce qu'elle vient de dire. "Mais pas du tout. C'est très important l'école pour ton avenir !"

- de le subir : "Ah bon !" (sans lever le nez de votre livre)
- de le récupérer pour monologuer : "Moi, à ton âge, j'adorais l'école. D'ailleurs, une fois…patati patata."
- de le recevoir : "Tu me sembles très fâchée avec l'école !"
- ou de l'amplifier : "As-tu envie de m'en parler ?"

Le pire qu'on puisse faire en la matière est de brancher un décodeur pour donner un autre sens aux paroles entendues. "Tu dis que l'école, c'est nul parce que tu ne veux pas prendre le bus scolaire et que tu espères, en m'inquiétant avec cette phrase, que je vais faire le taxi tous les matins."

L'écoute devrait idéalement représenter 80 % de notre communication. Parce que lorsqu'on a vraiment bien écouté, la réponse aura une grande pertinence et une efficacité maximale. Notre communication manque paradoxalement de silence. Dans presque tous les cas, on se met à parler trop tôt. On n'a pas assez d'informations. Notre interlocuteur se débat avec nos approximations. "Mais non, ce n'est pas ça que j'ai dit ! Tu ne comprends pas ! Mais laisse-moi finir !" et malgré tout, on persiste à passer en force : "Mais si, j'ai compris. C'est toi qui ne m'écoutes pas !" Le ton monte, la frustration aussi. Souvent, c'est la capitulation de celui qui voulait se confier qui clôt ce qu'on ne peut même pas appeler un échange ni un partage.

Mon avis est que ce monde est malade d'un manque d'écoute généralisé. Lorsque l'on s'est bien écoutés mutuellement, on se comprend. Et comme on se comprend, on ne peut plus s'aigrir, se haïr, ni se battre.

Alors pour écouter vraiment vos enfants, décidez de vous rendre disponible et éventuellement, choisissez et différez-en le moment. J'ai remarqué que les enfants disent les choses très importantes à des moments où leurs parents sont peu disponibles pour les recevoir. J'ai souvent pensé que c'était pour pouvoir leur trouver une excuse toute prête de ne pas avoir su accueillir ce qu'ils avaient à dire. Les parents doivent apprendre, tout en se brossant les dents, tout en s'insérant dans la circulation, tout en se garant devant l'école, à dire : "Ce que tu me dis là est trop important pour être écouté entre deux portes, en partant au travail. Je te propose qu'on en reparle ce soir, tout de suite après le repas" et surtout à tenir cette parole.

Pour écouter vraiment vos enfants, faites taire votre "Moi, je" bavard et turbulent, débranchez le décodeur, offrez du calme, du temps et du silence à votre jeune interlocuteur et prononcez la formule magique : "Je t'écoute !"

Conclusion

La communication avec son enfant peut devenir une grande et belle aventure. Accompagner sa croissance de notre soutien chaleureux, de notre propre connaissance de la vie, vivre au jour le jour ses progrès, ses découvertes est une tâche noble et gratifiante. Grâce à ce petit bout d'humain, nous avons l'opportunité de travailler sur nous-mêmes, de gagner en clarté de pensée, en bon sens et en cohérence, car il ne laissera passer aucun illogisme. Débarrassés de la culpabilité et du perfectionnisme, nous pourrons être réceptifs à sa joie de vivre, à son insatiable soif d'apprendre, et vivre au quotidien notre émerveillement face à l'extraordinaire mutation de notre petit bébé en jeune et fier adulte.

Ces années vont passer si vite. Profitez-en bien.

Dumas-Titoulet Imprimeurs – 42000 SAINT-ÉTIENNE
Dépôt légal : mai 2003
N° d'imprimeur : 38922 C

Imprimé en France